Elogios para
Cuando tu padre se vuelve tu hijo

«Extraordinariamente conmovedor y triunfal; Ken nos ha proporcionado un relato inspirador e instructivo, entretejido con humor y un mensaje detallado acerca de la dignidad de la humanidad, la fe en Dios y el amor por la gente que ha sacrificado tanto por nosotros».

—SENADOR BOB DOLE

«Ahora que los baby boomers estadounidenses se acercan a la edad de retiro, cada vez más familias se están atascando en la posición inesperada de tener que ser padres de sus padres. Esto crea un mundo de desafíos emocionales y físicos en los que la mayoría de la gente no ha pensado, pero a los que probablemente están despertando. En su libro, *Cuando tu padre se vuelve tu hijo*, Ken Abraham confiesa el viaje que tuvo con su madre y nos ayuda a entrever lo que podemos esperar. Esta es una lectura imprescindible para quien tenga padres mayores de sesenta años».

—DAVE RAMSEY, autor de
éxito de la lista del *New York Times* y presentador sindicado de la radio

«Me encanta el corazón de Ken, así como sus obras, y me encanta la manera conmovedora en que aborda el tema delicado de cuidar a los seres amados que están envejeciendo. A medida que las personas viven más tiempo, las familias necesitan apoyo a largo plazo para navegar las dichas y los desafíos que vienen con amarse mutuamente durante tantos años. Mantén este material a la mano. Es un tesoro».

—Bill Gaither, compositor
del siglo de la Sociedad americana de compositores, autores y editores góspel (ASCAP)

«He asesorado a muchas familias que han tomado este viaje emotivo. Cada uno tiene una historia que contar y Ken ha capturado sus esperanzas y temores a través de sus palabras. Su franqueza a la denegación a través de la aceptación es valiente. Definitivamente será una inspiración para quienes estén pasando por el progreso de esta enfermedad que le roba los recuerdos de la vida, no solamente a la persona que la padece, sino también a sus seres queridos».

—Dr. STEPHEN J. D'AMICO,
DMC

«El enfoque inteligente y transparente de este tema tan difícil, les dará comprensión y esperanza a muchas personas».

—DAN MILLER, escritor de
éxito del libro *48 días para
amar tu trabajo*

«Abraham es un buen narrador; los episodios de su viaje familiar cobran vida y el libro es inmensamente ameno.... Abraham ha decidido involucrar a los lectores en un relato vívido con el que muchos pueden identificarse. Él ofrece un mensaje sincero de simpatía, solidaridad y fe que puede ser utilizado en circunstancias difíciles».

—*Publishers Weekly*

KEN ABRAHAM

Cuando tu
PADRE
se vuelve tu
HIJO

Un viaje de FE *a través de la demencia de mi madre*

GRUPO NELSON
Una división de Thomas Nelson Publishers
Desde 1798

NASHVILLE   DALLAS   MÉXICO DF.   RÍO DE JANEIRO

Editora en Jefe: *Graciela Lelli*
Traducción: *Danaé Sánchez*
Adaptación del diseño al español: *Grupo Nivel Uno, Inc.*

ISBN: 978-1-60255-873-1

Impreso en Estados Unidos de América

13 14 15 16 17 RRD 9 8 7 6 5 4 3 2 1

Contenido

Minnie, antes de que la demencia le robara la libertad

Capítulo 1

. . . .

Los hombres de trajes blancos

¿Cómo es posible perder a un ser amado mientras este vive, mientras está sentado frente a usted, hablando con usted, sonriéndole; y sin embargo, la persona a quien ha conocido y amado durante tantos años se ha ido? Usted observa las peculiaridades y las rarezas sutiles que están sucediendo con más frecuencia cada vez; no obstante, ignora la verdad: que no está lidiando con la obstinación ni las ofensas involuntarias de un anciano, está lidiando con una enfermedad devastadora y posee pocas herramientas con que pelear.

Otras personas observaron cambios en mi mamá antes que yo. Dave Saunders, un amigo que asiste a la misma iglesia que mi familia, observó que mamá caminaba arrastrando los pies por el atrio, hacia el santuario principal. «¿Le sucedió algo a tu madre?».

—No, ¿a qué te refieres?

—Parece estar moviéndose más lentamente que cuando asistieron la última vez —observó Dave.

—Sí, cada vez va más lento —admití. Yo no había notado realmente la diferencia, ya que era un proceso gradual; pero quienes no habían estado cerca de mamá podían reconocer que ella había cambiado. Ese fue el primer indicio de que algo no andaba bien.

El comportamiento de mamá debió haber despertado mis sospechas, después de la décimo tercera llamada (en una sola mañana), pero yo ignoraba su verdadera afección. En realidad ella no necesitaba nada, simplemente deseaba saludar, lo cual hizo en las primeras tres llamadas, aunque no recordaba haber hecho ninguna de ellas. Las llamadas restantes eran más de lo mismo, todas grabadas en mi correo de voz.

—Ken, soy mamá. Solo deseaba decirte que tuve un buen desayuno. Tocino y huevos, pan tostado y ciruelas. Muchas ciruelas.

—Ah, eso es genial, mamá. Me da gusto que estés comiendo bien.

La segunda llamada era idéntica a la primera; y la décimo primera, la décimo segunda y la décimo tercera llamadas tenían un ligero cambio. Mis hermanos me lo habían advertido, pero yo resistía firmemente la idea de que mi madre, quien en el 2007 tenía ochenta y cinco años, ya no estuviera tan mentalmente ágil como siempre. Ah, seguro, ya había visto los signos, pero había decidido interpretarlos como meras manías para hacer las cosas. Yo no viví cerca de mamá durante más de veinte años, de manera que sus manías y deslices me parecían más graciosas que irritantes.

Había observado una ligera paranoia cuando ella venía de Orlando a visitarnos, pero siempre percibía su inquietud como simples temores, reales e imaginados, de una persona anciana que se encontraba en un ambiente extraño.

Una noche, alrededor de la medianoche, ella me llamó. «Ken, hay un hombre en la entrada de vehículos».

—¿Cómo? —estaba medio dormido—. No, mamá, no hay nadie ahí. Vuélvete a dormir.

—¡No voy a dormir con un hombre mirando por tus ventanas!

—Mamá...

No estoy seguro quién de los dos estaba más exasperado, si mamá o yo. Ella insistió que alguien estaba juzgando la casa afuera en el camino de entrada de vehículos. «¡Ahí está!», dijo inquieta.

—Mamá, no hay nadie ahí —dije enfáticamente, mientras me ponía las gafas para poder ver más claramente, simplemente para asegurarme.

—Mira, ahí está —dijo mamá nerviosamente—. Se está moviendo; ya está allá, ¡justo frente a la entrada de vehículos!

Me acerqué más a la ventana y me froté los ojos, mientras miraba en la oscuridad de nuevo. No veía nada en la entrada, aunque percibí la brisa que soplaba en las copas de los árboles, creando sombras inusuales en el suelo. Solamente había una cosa por hacer. Me volteé y la tomé de la mano. «Ven, mamá. Vamos allá abajo».

Ahora, no crea que soy una especie de Rambo, listo para darle una lección a la gente al instante. No, normalmente yo no busco problemas. Pero no estaba preocupado, pude ver claramente desde las ventanas frontales que no había problemas en la entrada. Había una farola a por lo menos diez pies de la entrada de nuestro estacionamiento, la cual iluminaba el área lo suficiente como para mostrar que no había nadie ahí. Pero mamá estaba convencida de que un hombre estaba parado junto a nuestro buzón, de manera que yo estaba resuelto a comprobarle que solamente era su imaginación. «Ven —dije— Vamos a bajar».

—¡No! —gritó—. Él es peligroso. Posiblemente tenga un arma o un garrote, o algo.

—Mamá, no hay nadie ahí, te lo voy a demostrar. Confía en mí. Ven conmigo. —La jalé hacia la puerta delantera.

A regañadientes, mi madre me siguió hacia la puerta y bajó las escaleras que llevan a nuestra entrada de vehículos. Ella caminó lentamente por donde yo la llevaba, atravesando de mala gana todo el largo del camino, aproximadamente cien pies. Cuando finalmente llegamos a la parte frontal de nuestra propiedad coloqué mi brazo en su hombro y extendí mi mano, apuntando hacia toda dirección. «¿Qué ves, mamá?».

—Nada.

—¿Y allá?

—No, no hay nada allá.

—Y, ¿qué tal por allá?

—Ken, yo lo vi. Había un hombre aquí abajo y estaba mirando hacia tu casa.

Entonces, la brisa sopló a través de los árboles, causando que las hojas proyectaran una sombra espeluznante en la entrada de vehículos. Deseando apaciguarla, no obstante esperando calmar sus temores, dije: «Posiblemente eso sea lo que viste, mamá. Las hojas susurran en el viento. ¿Ves que el árbol proyecta una sombra en el buzón? Puedo comprender que posiblemente pensaste haber visto a alguien, pero deseo que comprendas que no hay nada que temer».

Ella se quedó mirando el árbol y luego las sombras sobre los tabiques de la entrada de vehículos. «Sí, posiblemente eso sea lo que vi», admitió ella.

«Sí, probablemente sea eso. Vayamos adentro a dormir». Me sentí bien. La había convencido amable pero firmemente que sus temores eran infundados. Mi emoción duró solamente algunos segundos. Mientras andábamos por el camino de entrada, escuché un balbuceo: «Podría estar escondiéndose en algún lugar detrás de los arbustos o posiblemente corrió hacia el bosque».

No valía la pena discutirlo.

Ese fue el primero de varios accidentes similares. La mayoría de los cuales fueron inofensivas, como que mamá nos despertara a medianoche, preocupada de que había hombres de trajes blancos en nuestro jardín. Una vez se alteró tanto que comenzó a llorar. «No estoy mintiendo, Ken. Hay hombres allá afuera, por lo menos seis o siete, y llevan uniformes blancos. ¡Yo los vi!».

Ver el dolor en sus ojos, casi me derrumba. «Te creo, mamá —dije, abrazándola—. Creo que viste algo; pero mira, no hay nada allá».

Noches después, me encontraba trabajando en mi oficina, cuando escuché que me llamó desde la habitación de huéspedes. «¡Ken! Ven rápidamente. Están alumbrando con sus luces en mi ventana». Yo salté de mi silla y corrí por las escaleras hacia donde mamá estaba parada en la oscuridad, con su camisón, tiesa del miedo. «Ahí —ella señaló hacia la ventana—. ¿Ahora me crees? Mira allá».

Miré hacia las persianas venecianas que cubrían la ventana y claramente no había luces ahí. «No veo nada, mamá».

—¡Justo ahí! —ella gritó discretamente—. ¿No puedes ver la luz de allá? Se está moviendo hacia arriba y abajo por las persianas.

Miré de nuevo, a la nada.

—No hay nada ahí, mamá. Ni luces, nada.

—Ken, solo mira. —Ella sonaba exasperada.

Me acerqué a las persianas, las abrí y cerré, levanté las persianas para poder mirar por la ventana. Nada. «No hay nada ahí, mamá».

—¡Pero yo lo vi!

—Creo que viste algo, mamá. Posiblemente tus ojos estén funcionando mal o se te estén desarrollando cataratas de nuevo, como cuando eras joven. Pero no hay luces y no hay nadie en el jardín. Puedo verlo por la farola que brilla en el jardín, de verdad, no hay nadie allá.

Mamá regresó a la cama y yo a trabajar, regodeándome de mi pequeña victoria: había convencido a mamá de que lo que ella estaba viendo, no existía. Yo no tenía idea de que es casi imposible convencer a una persona con demencia de que tiene razón o que está equivocada; la única esperanza para suavizar la situación es cambiar la conversación. Pero en ese tiempo, yo no tenía idea de que mamá padecía demencia.

Aprendimos de la manera difícil que ya no era seguro dejarla sola. Una noche, durante su visita, mi esposa, Lisa, y yo debíamos asistir a una boda y a una recepción formal. Aunque a menudo llevábamos a mamá a los eventos de la iglesia, bodas, graduaciones, baby showers y a otras celebraciones, esta invitación no la incluía a ella, de manera que sentimos que sería inapropiado llevarla con nosotros. Incluso consideramos no asistir, porque no deseábamos dejar sola a mi madre.

—Ah, estaré bien —ella nos aseguró—. No me da miedo estar sola un rato. Eh, yo vivo sola en Florida. Ustedes váyanse y diviértanse.

—De acuerdo, está bien —dije, teniendo visiones de hombres de trajes blancos bailando en su mente—. Vamos a asistir a la boda, pero no nos tardaremos. Regresaremos a las ocho en punto. Llámame a mi celular si tienes problemas o si necesitas algo.

La boda duró un poco más de lo estimado y, aunque permanecimos poco tiempo en la recepción, resultó ser lo suficiente para que nuestra casa estuviera rodeada de hombres con uniformes blancos. Poco después de las 8:00 p.m., Lisa y yo nos marchamos de la recepción y nos dirigimos a casa. En el camino conversamos felizmente acerca de la hermosa boda y la recepción, y yo me olvidé completamente de revisar mis mensajes del celular. Estábamos a solo quince minutos de casa, de manera que ni siquiera pensé en volver a encender el celular. Hasta que nos detuvimos en la entrada de vehículos. Cuando vi el parpadeo de las luces rojas del techo de la patrulla que se encontraba en nuestra entrada, mi corazón casi se detiene.

Me detuve detrás de la patrulla, salí de nuestro vehículo, a donde me interceptaron dos oficiales de policía. «¿Señor Abraham?».

—Sí, señor.

—Señor Abraham, yo soy el oficial Thomas y él es el oficial Jones. Su madre nos llamó reportando que había intrusos en su casa. Respondimos a la llamada inmediatamente y buscamos en todas las habitaciones de su casa. No hay intrusos y nada parece haber sido perturbado.

Nada con excepción de mamá, pensé. «Gracias, caballeros. De verdad les gradezco que nos cuiden. Mi mamá se ha puesto nerviosa en estos días».

—Usted es escritor, ¿verdad? —preguntó el oficial Thomas.

—Sí, señor, soy escritor.

—Sí, su mamá nos llevó a su oficina. Usted tiene una gran biblioteca. Y su nombre está escrito en muchos libros.

—Eh... ah, sí, mi mamá debe estar orgullosa de mí.

—Ella lo está —el oficial Jones se metió en la conversación—. Ella nos mostró cada uno de los libros que ha escrito.

—¿Lo hizo? —En ese tiempo había escrito más de setenta libros.

—Ah sí, lo hizo.

—Bien, ah, gracias de nuevo, oficiales. Me apena que ella los haya molestado.

—Oh, no se preocupe, señor Abraham. Fue un placer conocerlo —Los oficiales de policía se despidieron y se dirigieron hacia su coche.

—Ah, sí, un placer conocerlos. —Forcé una sonrisa mientras despedía a los oficiales y movía mi coche, para que pudieran rodearme.

Una vez dentro de la casa confronté a mi mamá. «¡Mamá! ¿En qué estabas pensando? ¿Por qué llamaste a la policía?».

Mamá se puso inmediatamente a la defensiva. «Yo no llamé a la policía. Llamé al 9-1-1».

—¡Aquí, eso es llamarle a la policía!

—Bien, había hombres afuera en el jardín y me asusté.

—¡Mamá!

—Y aquellos policías, lo primero que me preguntaron cuando llegaron a la veranda y yo respondí al timbre fue: «Señora, ¿toma medicamentos?». Ellos no preguntaron acerca de los merodeadores, no me preguntaron si estaba lastimada. Todo lo que preguntaron fue si tomaba medicamentos. ¿Qué les interesa si tomo medicamentos o no? No es su asunto.

—Posiblemente no, mamá —dije—. Pero es su deber hacerlo cuando la gente llama por falsas alarmas, cuando no hay una amenaza real de peligro.

—Yo no llamé a la policía. Llamé al 9-1-1.

—¡Correcto! ¡Y no lo vuelvas a hacer mientras estés en nuestra casa, a menos que la casa se esté incendiando!

Mamá se fue a la cama refunfuñando y nosotros no escuchamos de ella el resto de la noche.

A pesar de los periódicos incidentes de los hombres de atuendos blancos que merodeaban en nuestro jardín, yo no pensaba que las alucinaciones de mamá fueran algo más que un chiste familiar, una anomalía, algo de lo que nos reiríamos después de la cena de Acción de Gracias, cuando les contáramos a mis hermanos y a sus familiares. Yo no sabía entonces lo que supe después: que estábamos lidiando con signos iniciales de demencia.

Capítulo 2

* *

Reconocer al enemigo

«¿Demencia? ¿Qué rayos es la demencia?», le pregunté a mi esposa Lisa, luego de regresar de la primera cita médica de mi madre, en Tennessee.

Yo nunca le había puesto mucha atención a la demencia y mi ignorancia ahora es lamentable. Confieso que ni siquiera sabía qué era la demencia y, francamente, tenía poca motivación de aprender al respecto. Por alguna razón, el término mismo era incluso repulsivo. Todas estas enfermedades «nuevas» me desconcertaban. ¿Alzheimer? ¿Qué, Ronald Reagan no padeció de eso durante los últimos años de su vida? ¿Enfermedad de Parkinson? Billy Graham y Michael J. Fox la han padecido, ¿no? ¿Y la ELA o enfermedad de Lou Gehrig? Lo único que yo sabía de ella era que asumía que Lou Gehrig había sido una de sus víctimas.

Es posible que hayas escuchado el término *demencia* ser utilizado en una manera peyorativa, como si la persona descrita con ese padecimiento fuera de alguna suerte extraña, peligrosa o pervertida (posiblemente un retroceso hacia la época en que la demencia se asociaba con las etapas finales de la sífilis). La demencia no representa nada por el estilo y tampoco significa «loco». El término *demencia* deriva de las palabras latinas «fuera» y «mente», y esta sea probablemente la definición más simple de demencia: la persona con la enfermedad que ha sufrido una pérdida o una disfunción de sus capacidades mentales. Una parte de la mente se ha ido y no regresará.

La demencia puede sacudir a cualquiera, ricos o pobres, a pesar de su raza, entorno o educación. Las personas brillantes y torpes pueden ser atacadas, las personalidades alegres o graciosas, personas de familias «malas» y de familias «buenas», de todo tipo. No hay razón para avergonzarse si alguien de tu familia ha desarrollado la enfermedad.

La demencia toma varias formas, la más común es la enfermedad de Alzheimer, que es irreversible y para la cual no hay cura disponible en la actualidad. La demencia vascular es el segundo tipo más ampliamente mencionado de la enfermedad, la cual también es irreversible; pero no parece progresar tan rápidamente y existe disponible algún tipo de ayuda para que la persona y su familia puedan lidiar mejor con la enfermedad. Aunque al final son similares, la enfermedad de Alzheimer parece progresar en descenso, mientras que la demencia vascular progresa en etapas, en las que el paciente a menudo permanece en una etapa durante un tiempo, antes de decaer repentinamente y permanecer por alguna razón en esta, hasta que algo provoca un declive evidente. Algunas veces, el paciente con demencia vascular incluso puede aparentar estar mejorando temporalmente, funcionando casi normalmente. Pero entonces algo sucede, una caída, una discusión con un familiar o algún otro incidente, y el paciente con demencia vascular descenderá varias etapas.

La causa de estas enfermedades ha sido ampliamente debatida, pero la comunidad médica no ha llegado a un acuerdo definitivo. En el caso de mi madre, los médicos creían que una serie de accidentes isquémicos transitorios (AIT), conocidos comúnmente como mini ataques cerebrales, habían terminado con la facultad de su memoria a corto plazo. Aunque ella era capaz de recordar vívidamente eventos que habían sucedido décadas atrás, los mini ataques habían destruido gran parte del tejido cerebral y habían afectado su memoria a corto plazo, así como otras funciones intelectuales, al punto en que a menudo se le dificultaba recordar lo que había desayunado. Es verdad que un ligero olvido es normal a medida que envejecemos, pero una pérdida de memoria tal, normalmente no interfiere con nuestra vida diaria. Muchas personas ancianas se desarrollan activamente hasta los setenta, ochenta o noventa años. Billy Graham predicaba poderosos mensajes hasta bien entrado en los ochenta años; el astronauta Buzz Aldrin continuaba tomando vuelos parabólicos cerca de los ochenta años y apareció en el programa de televisión *Dancing With the Stars* [Bailando con las estrellas] a los ochenta años; el senador Bob Dole fue severamente herido en la Segunda Guerra Mundial, pero continuó estando activo en la escena política estadounidense a los ochenta años. Mi mamá todavía conducía su auto en el congestionado tráfico de Orlando a principios de sus años ochenta.

Pero entonces, la demencia los atacó. Debido a que una persona con un caso leve de demencia a menudo puede continuar llevando a cabo casi todo lo que siempre ha hecho, esta enfermedad no se reconoce inmediatamente o se les da una excusa a las acciones de la persona, o incluso se racionalizan. «De cualquier modo, mamá siempre ha sido poco convencional», decíamos mis familiares y yo. «Ella está envejeciendo, después de todo». Simplemente atribuíamos el comportamiento a veces extraño de mamá, a la soledad, el cansancio y el aburrimiento. Al principio, a los familiares nos resultaba frustrante intentar comunicarnos con ella; más tarde resultaba desconcertante y, finalmente, la mayoría de las personas cercanas a mamá, simplemente dejaron de intentar inventar excusas para explicar sus comentarios descorteses y sus acciones erráticas e incomprensibles. Ya sea eso o, debido a que no se daban cuenta del monstruo con el que estaban lidiando, ellos se ofendían, se marchaban o ignoraban a mamá tanto como podían.

Algunas veces, los cambios provocados por la demencia son drásticos y fácilmente discernibles. La persona afligida puede experimentar cambios inusuales de ánimo o en su nivel de energía; se tornan pasivos, temerosos, irritables o atípicamente exigentes. Algunas personas con demencia o que experimentan alucinaciones por el Alzheimer, a menudo ven, escuchan o incluso huelen cosas que no existen. Cuando mamá comenzó a ver a los hombres de trajes blancos en nuestro jardín delantero en la noche, yo no me di cuenta de que la enfermedad era la que hablaba. Yo no sabía que padecía demencia. Sí reconocía que, pudiera explicarlo o no, sus alucinaciones eran reales para ella. Ella de verdad pensaba ver gente en nuestro jardín y eso la aterraba. En ese momento era ridículo discutir si de verdad había alguien mirando hacia nuestras ventanas o no. Lo mejor que podía hacer era aceptar que ella los estaba viendo, pero asegurarle que, sobre la base de mi historial de veracidad, no estábamos en peligro.

Algunas de las personas que padecen demencia desarrollan el hábito de esconder cosas, se tornan desconfiados de la gente, a menudo acusándola de robar sus objetos personales. Mi mamá lo hacía constantemente, ella escondía su bolso o su licencia de conducir, no podía encontrarlos y entonces afirmaba que alguien los había robado. Nosotros pensábamos que era parte de su personalidad cambiante o que estaba comenzando a temer vivir sola. A menudo extraviaba cosas o ni siquiera podía recordar que las tenía. No puedo contar con una sola mano las veces en que perdió el celular en su departamento.

Posiblemente lo más desalentador era la incapacidad que mamá tenía de controlar su micción o su deyección. Al principio pensamos que era un problema de la vesícula, pero más tarde descubrimos que ella se encontraba bien físicamente. Simplemente no podía recordar ir al baño a tiempo para evitar «accidentes».

Estos y otros problemas suceden casi de un día para otro en algunas víctimas de la demencia. En otras personas, la enfermedad conquista al cuerpo y al espíritu gradual e imperceptiblemente. Si usted conoce los signos del Alzheimer, posiblemente pueda identificarlos y buscar ayuda inmediatamente. De otra manera, es probable que solo pueda ver los claros indicadores en retrospectiva. Es posible que recuerde y pueda encontrar algún incidente particular del que diga: «Después de que eso ocurrió, mamá nunca fue la misma».

En el caso de mi mamá sucedió algo importante cuando sufrió una serie de mini apoplejías. Una apoplejía sucede cuando el flujo sanguíneo y el oxígeno del cerebro son interrumpidos, y si no se atiende rápidamente, esta falta de flujo sanguíneo puede resultar en la destrucción permanentemente de una parte del cerebro. Cuando alguien está sufriendo una apoplejía, el tiempo es esencial. Si la interrupción del flujo sanguíneo es provocada por un coágulo en un vaso sanguíneo, el coágulo puede ser disuelto con medicamentos anticoagulantes, cuando la persona recibe un tratamiento en las horas posteriores. Si la interrupción se debe a la ruptura de un vaso sanguíneo, una hemorragia en el cerebro es mucho más grave. Entre algunos signos generales de apoplejía se encuentra insensibilidad en el rostro, el brazo o la pierna, usualmente de un solo lado del cuerpo. Problemas de habla y de visión, jaquecas severas, falta de aliento, mareos inusuales o desmayos pueden ser también signos de una apoplejía.

Las apoplejías son causadas por una variedad de afecciones, entre las cuales se encuentran los niveles altos de presión arterial y de colesterol, y también pueden ser provocadas por el sobrepeso o por llevar un estilo de vida sedentario y no ejercitarse lo suficiente. Los médicos descubrieron una fibrilación auricular, un ritmo cardiaco anormal que provocaba que su corazón se agitara ligeramente, impidiendo así el flujo sanguíneo entre las cámaras cardiacas y aumentando la posibilidad de que un coágulo sanguíneo se moviera del corazón a su cerebro.

Mamá estaba viviendo sola, de manera que cuando sucedió la mini apoplejía, mi familia no sabía los síntomas específicos que ella había experimentado, aunque nosotros le pidiéramos información. «Ah, no sé». Ella cerraba el diálogo. «No me sentía bien, entonces acudí al médico y él me envió al hospital». En ese tiempo, tampoco reconocíamos la gravedad de la afección de mamá. Después de algunos días de reposo, ella literalmente saltó de la cama y continuó con su vida, como si nada hubiera sucedido. Y, según lo que sabíamos, nada había sucedido. Pero, sin saberlo la familia, la madre que conocíamos se había marchado del edificio.

Capítulo 3

· ·

La madre que solía conocer

Para comprender mejor cuan sutil pero severamente puede afectar esta enfermedad a una persona antes de que la reconozcamos, debemos saber un poco acerca de la manera en que mamá vivió antes de que la demencia le robara su autosuficiencia.

Minnie Abraham nació el 7 de octubre de 1922, en Clymer, Pensilvania, un pequeño pueblo minero con menos de tres mil habitantes (incluyendo perros, gatos, gallinas, familiares políticos y bandidos), y ese censo probablemente se tomó un día en que todos ofrecían reuniones familiares. El padre de Minnie había quedado ciego después de la Primera Guerra Mundial, tras haber sido golpeado por una metralla. La misma explosión le arrancó tres dedos de su mano derecha y desfiguró severamente los demás dedos, de manera que Minnie nunca sintió en su rostro el suave toque de la mano de su padre. Sin embargo, ella sintió su cálido aliento muchas veces, cuando su padre compensaba su pérdida de la visión dirigiendo a una familia estrictamente reglamentada de cinco niñas y un niño. Con solo la pensión militar, la familia de Minnie sobrevivió a la Gran Depresión, tomando toda clase de trabajillos. La madre de Minnie comenzó a lavar ajeno, con el fin de ganar suficiente dinero para que hubiera comida en la mesa.

De joven, Minnie sirvió a nuestra nación durante la Segunda Guerra Mundial, trabajando en una fábrica de aviones. Seguido de la guerra, ella conoció a Howard Abraham, un chico apuesto de cabello oscuro que vivía en su pueblo. Howard acababa de regresar de Okinawa y se encontraba paseando con varios amigos, cuando vio a la morena atractiva en la acera.

—Ven pequeña —el confiado veterano llamó a Minnie—. ¡Yo voy a cambiarte el nombre!

Y lo hizo. Se casaron el 6 de octubre de 1946, tuvieron cuatro hijos, todos ellos varones: John, Howard, Jr. y yo. Jimmy, nuestro cuarto hermano, falleció de neumonía a los dieciocho meses de edad. La muerte de Jimmy llevó a mi mamá a arrepentirse de rodillas, buscando un nuevo comienzo con Dios.

Mi mamá era un alma independiente que iba con valentía a donde pocos habían ido antes. Por ejemplo, una noche nevosa de invierno, ella llevó a algunos chicos del grupo de jóvenes de nuestra iglesia a un viaje por todo el país. Se encontró con un control policial en el que había un gran letrero que decía: ¡Deténgase! Peligro.

La mayoría de la gente se habría dado vuelta y buscado una ruta diferente. Pero no mamá. «Lo siento, chicos, pero este es el único camino que conozco, así que seguiremos», ella explicó en el vagón lleno de chicos de secundaria. Aceleró y rodeó la barricada, para seguir por el camino. «¡Bien hecho, señora A!», vitorearon mis amigos. De pronto tenía la mamá más chévere de la ciudad.

La superficie parecía estar inusualmente resbaladiza, pero mamá sorteó el camino oscuro hacia la luz que se encontraba a una o dos millas. Sin embargo, algo andaba mal; cuando llegamos a la granja de donde provenía la luz, mamá no pudo encontrar el camino que nos llevaba al evento.

—No tardaré —dijo—. Me detendré aquí para pedir indicaciones.

Ella condujo hacia la veranda trasera de la granja y entonces, salió de la veranda un hombre anciano con una linterna y se dirigió hacia nuestro coche; su rostro daba terror.

—Señora, ¿de dónde vino? —preguntó.

—De allá, del camino que proviene de la zona de Brush Valley —respondió mamá, señalando hacia atrás.

El hombre se quedó boquiabierto.

—Eso es imposible —dijo—. ¡El camino ha estado cerrado desde el verano pasado y ahora hay un lago que cubre la parte donde solía estar la carretera!

—Yo no sé al respecto —respondió mamá, mientras un grupo de chicos se reía en el asiento trasero—. Pero acabamos de encontrar el antiguo camino que viene de Brush Valley.

El anciano se quedó atónito. «Bien, entonces, ¡solo conduzca una o dos millas por el lago congelado!».

Mamá no lo creía gran cosa, pero simplemente pidió instrucciones para dirigirse a la ciudad donde se llevaría a cabo el evento para jóvenes esa noche. Para el granjero, fue un placer ayudarnos y nosotros continuamos nuestro camino, aunque llegamos tarde pero seguros y completos. De regreso, seguimos a algunos amigos por un camino diferente.

Al día siguiente, mamá le preguntó a algunas personas acerca del nuevo lago en donde ahora estaba el Yellow Creek State Park. Como era de esperar, la carretera se encontraba bajo el agua. Nosotros habíamos atravesado el lago congelado en un coche lleno de chicos. Durante años nos burlamos de mamá acerca del viaje resbaladizo, pero ella tomaba ese tipo de cosas por las buenas.

Mamá tocaba el piano en nuestra iglesia local, una pequeña congregación de alrededor de ochenta personas. Ella podía leer las partituras, pero prefería improvisar, escuchando la canción, y más tarde reproduciéndola en el teclado, sin mirar las partituras. Era un deleite verla tocar para la congregación con un gozo tan imperturbable. A menudo, la música de mamá era más fuerte que el canto de toda la congregación al cantar los himnos; pero a la mayoría de los líderes de alabanza y los pastores, no les importaba. Ellos se deleitaban con el estilo vibrante y apasionado de los himnos de mamá, aunque ella eclipsara a la congregación aburrida y ya canosa, que luchaba con mantenerse a ritmo con ella.

Papá tocaba la trompeta y casi cualquier instrumento que cogiera, de manera que era casi natural que los chicos Abraham heredaran alguna habilidad musical. Cuando mis hermanos y yo nos hicimos cristianos, formamos una banda góspel que viajaba por todo el país en un autobús personalizado, y mamá viajaba con nosotros. A donde fuéramos, tan pronto como el autobús se detuviera en la ciudad, la gente se acercaba llamando a la puerta. Ellos no eran fanáticos que buscaban un autógrafo de uno de los chicos de la banda. No, ellos buscaban a mamá, para que ella los alentara y orara con ellos.

Minnie y la banda.

A medida que nuestra música se hizo más contemporánea, nuestro hermano menor, Howard, "Tink", como lo llamábamos, asumió la responsabilidad del teclado y mamá se encargó del sintetizador, con el que producía sonidos de cuerda suntuosos. En algunas canciones, ella simplemente cantaba, gritaba o agitaba las manos en el aire, alabando a Dios. Ella era en sí, un espectáculo brillante y contundente, y el público la adoraba y disfrutaba su alabanza extrovertida.

Casi cada noche, mucho tiempo después de terminado el concierto, mamá continuaba orando con una madre o un padre cuyos hijos le habían dado la espalda a Dios, y ahora tenían una vida caprichosa; o con una mujer en llanto, cuyo esposo no era cristiano. Mamá se condolía con cada persona y le ofrecía consejo y aliento.

—Querida, no te des por vencida con ese hombre —ella le decía a la mujer que acababa de conocer minutos antes—. La Biblia promete que si crees en el Señor Jesús, Él nos salvará a nosotros y a nuestra casa.

En ese entonces, su esposo no era creyente, pero mamá se negaba a darse por vencida con papá. Ella oró para que él llegara a confiar en Jesús, durante más de treinta y ocho años. Y una noche, en nuestro concierto de Trafford, Pensilvania, un suburbio de Pittsburgh, él lo hizo.

En la noche, cuando los chicos se cansaban de conducir, mamá algunas veces se colocaba detrás del volante del autobús de cuarenta pies y conducía durante horas por las carreteras interestatales, sin que los chicos se dieran cuenta. Cuando uno de nosotros se despertaba y se dirigía hacia la parte frontal del autobús, nos asombrábamos de ver a la diminuta mujer detrás del enorme volante.

—¡Mamá! Tú no puedes conducir. Necesitas una licencia especial para conducir un autobús.

—Tonterías —respondía ella—. Yo te enseñé a conducir, ¿no?

Cuando el grupo dejó de viajar, después de casi veinte años, mis hermanos y sus familias se mudaron a Florida, y yo me mudé con mi familia a Nashville. Mamá permaneció en Clymer, Pensilvania, feliz de poder pasar tiempo con mi papá. Ellos asistían juntos a la iglesia regularmente y mi padre, quien había sido mesero en el pasado, se convirtió en maestro de escuela dominical y en anciano de la iglesia. En muchas maneras, él era una persona nueva y junto con mi mamá estaban más felices que nunca.

Ambos tenían más tiempo para dedicarse a una liga infantil de béisbol, algo que les había encantado desde que mis hermanos y yo éramos pequeños. En honor a sus más de cuarenta años de servicio como secretario, tesorero o presidente de la organización, la ciudad le dio al parque de pelota el nuevo nombre de «Hub Field», en honor a mi padre. En 1990, mamá y papá finalmente pudieron asistir a la Serie Mundial de Ligas Pequeñas en Williamsport, Pensilvania, cumpliendo así uno de los sueños de su vida. Mientras veían los partidos, ellos se sentaban en el césped detrás de la valla, tomados de las manos como dos adolescentes enamorados.

Minnie y Hub... como dos adolescentes enamorados.

Capítulo 4

. . . .

Uno es el número más solitario

Hub y Minnie Abraham estuvieron casados durante más de cincuenta años, hasta la mañana del 12 de marzo de 1997, cuando mamá bajó las escaleras a las 5:00 a.m. y encontró a papá encorvado en una silla. Él acababa de darle un trago a su café matutino y estaba listo para marcharse al trabajo, cuando sufrió un ataque cardiaco fulminante. Mamá llamó al 9-1-1, pero para cuando llegaron los paramédicos, el corazón de papá ya había dejado de latir.

Mamá me llamó poco después de las cinco. Cuando el teléfono suena tan temprano por la mañana, la mayoría de la gente se ve tentada a pensar lo peor. *Acaba de suceder algo espantoso; de otra manera, ¿por qué me llamaría a esta hora?* Así que, posiblemente me había ya armado de valor para recibir la noticia de mamá cuando tomara el teléfono. Con todo y sus lágrimas, pude escucharla decir: «Ken, papá se ha ido. Tu papá murió hace algunos minutos».

Aunque las palabras de su mensaje me quebrantaron, me forcé para mantener la compostura y evitar que se pusiera histérica. Hablé brevemente con ella y le aseguré que tomaría un avión tan pronto como fuera posible. Entonces, fui a tomar una ducha, abrí el grifo completamente y apoyé mi cabeza contra el vidrio, mientras mis lágrimas se mezclaban con el agua que caía por mi rostro. Papá solamente tenía setenta y dos años.

Programar el funeral fue muy difícil. Mis hermanos y yo, junto con mi mamá, nos reunimos con el director de la funeraria para elegir un ataúd y todos los detalles que uno rara vez contempla, o lo que es más, desea contemplar. Yo soy un gran partidario de prepararse para la muerte con anticipación, con el fin de que los directores de la funeraria no se aprovechen del aspecto de preocupación y compasión de los desconsolados familiares, ya que en realidad están más interesados en ganar tanto dinero como puedan, a partir de la muerte de un ser amado. Lamentablemente, nosotros no lo habíamos hecho con papá.

El director de la funeraria daba rodeos con su charla. «Pueden comprar este ataúd de acá o el de allá (que, por supuesto, era tres veces más costoso que el primero)». Pasamos por el mismo procedimiento para elegir las flores, los programas y la cripta donde finalmente permanecería el ataúd, y cada detalle aumentaba la cuenta.

El velorio y el servicio fueron tristes pero gloriosos, y varios miles de personas llegaron a la funeraria y a la iglesia para presentarle sus respetos a papá, y ofrecerle amables condolencias a mamá y a nuestra familia. Luego del funeral, los hermanos pasamos algunos días limpiando los armarios de papá, revisando su escritorio e intentando aliviar el dolor emocional de mamá, tanto como pudimos. Tink revisó todas las facturas de mamá y le hizo un archivo para que ella pudiera saber qué se necesitaba pagar y cuándo. Mamá y papá eran propietarios de su casa y esta ya estaba completamente liquidada, así como sus coches; de manera que, aparentemente, ella no tendría problemas para manejar las cuentas mensuales. Pero mamá nunca había manejado los aspectos financieros de su vida, ella rara vez había extendido un cheque. Papá lo hacía todo.

Ella siempre había sido una mujer fuerte y trabajadora, así que nosotros no estábamos preocupados por su supervivencia, pero sí nos preguntábamos qué tan bien podía cuidarse física y emocionalmente. Habíamos visto que muchos coetáneos suyos retirados, viudas y viudos, quienes no podían hallar una razón para vivir tras la muerte de sus cónyuges, se deterioraban rápidamente. De manera que nos alegrábamos de que, al poco tiempo de que papá falleció, mamá hubiera tomado el empleo de "bienvenida" en el Wal-Mart. La ironía de que mis padres alguna vez fueran miembros de la comunidad de negocios locales, no pasaba desapercibida para mis hermanos y yo. Ahora mamá se estaba dedicando a una ocupación común que evocaba poco respeto y una gran cantidad de burlas.

Aunque no teníamos más que cosas buenas que decir de Wal-Mart y sus empleados, el hecho de que mamá sintiera que necesitaba trabajar ahí hería nuestro ego. Sin embargo, el trabajo era una bendición enorme. Trabajar fuera de casa, no solamente le proporcionaba un ingreso exiguo, sino también le daba a mamá una razón para levantarse de la cama cada mañana. El trabajo también incrementaba la ya grande red de amigos de mamá, quien se hacía querer tanto por los clientes como por sus «coasociados» de la tienda. Ella lucía bien en su mandil azul de Wal-Mart y abrazaba a casi todos los que entraban en la tienda. «Hola, cariño, ¡qué gusto de verte!». Ella ganó varios premios al «Empleado del mes» y al «Empleado del año».

Aun así, nosotros continuábamos preocupándonos porque tenía que conducir sola hacia el trabajo cada mañana, especialmente durante los meses de invierno, cuando el oeste de Pensilvania a menudo se cubre de nieve y hielo. A mamá no le molestaba el clima. Ella se despertaba a las 4:00 a.m., para atravesar las doce millas de carreteras llenas de curvas entre su casa y el trabajo, a menudo abriéndose camino a través de la nieve recién caída. Nosotros le compramos a mamá un teléfono celular, para que pudiera mantenerlo en el coche en caso de necesitar ayuda, y durante varios años ella se desplazó bien por sí misma.

Nunca se quejó acerca de ir a trabajar. Sin embargo, llegar a una casa callada y vacía, le resultaba una gran desazón. Mamá detestaba estar sola. Ella permanecía conectada con sus amigos de la comunidad y especialmente con su iglesia, la misma congregación con la que había participado en la adoración casi toda su vida. Mamá continuaba tocando el piano en la iglesia; no obstante, tras el fallecimiento de papá, ella ya no tocaba tan seguido. No era que ya no deseara hacerlo, sino que mientras estuvo lejos durante algunos meses, un nuevo pianista joven se unió a la iglesia, y por lo tanto, mamá ya no era la músico más buscada.

Desde luego, ella se sentía sola, pero cada uno de sus chicos viajábamos a Pensilvania junto con nuestra familia para visitarla, tan frecuentemente como podíamos. A mamá le encantaba ver especialmente a sus nietos. Ella se sentía bien mientras nos encontrábamos allá, pero se le partía el corazón cuando nos preparábamos para marcharnos. Lágrimas caían por su rostro mientras permanecía en la veranda, despidiéndonos al arrancar de la acera frente a su casa. Yo detestaba marcharme de esa manera, pero nuestra vida estaba en Tennessee y mamá deseaba permanecer en Pensilvania. Ahí era donde estaban sus amigos, ella conocía a sus vecinos y todos la conocían a ella.

Después de un tiempo, la soledad la venció. Hablamos con ella acerca de mudarse a Florida, si le encontrábamos un ambiente seguro y asequible dónde vivir. Finalmente accedió a dar un recorrido de prueba, de manera que le rentamos un departamento de dos habitaciones, cercano al Wal-Mart. Llevamos a mamá a vivir a Florida, pero ella se quedó con su casa de Pensilvania, por si acaso. Comenzó a trabajar en el Wal-Mart y, durante más de un año, vivió bien ella sola. Entonces, decidió que deseaba regresar a Pensilvania, así que la llevamos a casa. De regreso al comienzo.

Mi familia y yo nos mudamos a una zona diferente de Nashville en el 2002, y mamá nos visitó en nuestra nueva casa en la Navidad. Al día siguiente, mamá se sentó en la mesa de la cocina, donde platicamos un rato; pero al poco tiempo, ella se aburrió. Encontró un limpiador de vidrios y toallas de papel, y comenzó a limpiar la parte exterior de las ventanas. Yo me partí de risa. Mamá rara vez limpiaba sus propias ventanas, incluso durante el verano, ¡y estaba limpiando las nuestras en pleno invierno! Sin embargo, esa era parte de su personalidad, estar ocupada. Ella no se conformaba con simplemente permanecer sentada.

Mamá era una mecanógrafa hábil y tecleaba noventa palabras por minuto con precisión, además de transcribir formidablemente muchas de las entrevistas que yo les hacía a mis clientes para sus libros. Mamá también tomó la responsabilidad de los proyectos al familiarizarse con las celebridades destacadas y los protagonistas de las noticias, con cuyas palabras yo trabajaba en las cintas de las entrevistas que yo le daba a mamá para que transcribiera. Eso creó algunos momentos incómodos, cuando mi "mamá orgullosa" conoció a algunos de mis clientes.

A mediados de la década de 1990, yo escribí un libro con el golfista profesional, Paul Azinger, un campeón de la PGA y sobreviviente de cáncer, quien dirigió al equipo estadounidense ganador de la Ryder Cup en 2010. Unos pocos años más tarde, después de que el libro de Paul fuera publicado, yo cometí el error de llevar a mamá a un torneo de golf profesional en el que Paul estaba jugando. El código de conducta del golf requiere que los espectadores permanezcan en silencio cuando los jugadores se encuentran en el primer hoyo y en la bandera del hoyo; y aunque los espectadores de las tribunas griten tras el golpe, los profesionales intentan permanecer "en una zona", evitando las conversaciones para no perder la concentración. Pero mamá no sabía acerca del código de conducta del golf, ni le importaba. Todo lo que sabía era que su hijo había trabajado en el libro de Paul y que ella había hecho algunas transcripciones. Nosotros nos encontrábamos cerca de las cuerdas, así que ella le llamó a Paul cuando él se encontraba caminando de la bandera del hoyo al siguiente hoyo: «Paul. Paul Azinger. Soy Minnie. Minnie Abraham. ¡Mi hijo escribió tu libro! ¡Y yo lo transcribí!».

Tan gentil como es él, Paul se detuvo a la mitad y se acercó a las cuerdas para abrazar a mamá. Lamentablemente, se dirigió al siguiente hoyo y dio un golpe horrible.

—Está bien, cariño —mamá le gritó—. Lo harás mejor la próxima.

Mamá era igualmente entusiasta con la música de mis hermanos. Como si yo no hubiera aprendido nada del incidente con Azinger, a finales de la década de 1990 llevé a mamá al torneo de la LPGA, donde los cantantes, Amy Grant y Vince Gill, estaban presentándose para una ronda de caridad. Mamá y yo nos encontrábamos junto a la calle, cuando mamá reconoció a Amy. Antes de que me percatara, ella le estaba haciendo señas a Amy, mientras ella se dirigía del hoyo a la calle.

—¡Amy¡ ¡Amy! —gritó mamá, haciéndole señas para que se acercara. Posiblemente debido a la amabilidad de Amy o a su gran respeto por su propia madre, ella se acercó diligentemente al costado de la calle. «Amy Grant, soy Minnie Abraham. ¡Tú cantaste en el álbum de mis hijos!», mamá abrazó instintivamente a Amy.

Amy le sonrió afectuosamente a mamá. «¿De verdad?».

Lo había hecho, casi quince años atrás; cuando Amy era adolescente, el productor musical, Brown Bannister, le había pedido a Amy que hiciera una actuación especial como coro en una canción en la que cantaba mi hermano, Tink. Probablemente Amy ni siquiera recordaba el proyecto, pero mamá nunca lo olvidó.

Para el 2003, muchos de los amigos de mis padres ya habían fallecido y la soledad una vez más amenazaba con drenar la vida de mi madre. Sus ojos verdes normalmente brillantes, se habían tornado de un color avellana opaco y su cabello ondulado que alguna vez había sido oscuro, se había tornado gris plateado, con algunas manchas oscuras que se asomaban ocasionalmente. Su sonrisa instantánea permanecía y sus ojos continuaban brillando cuando hablaba de alguno de sus chicos, pero las lágrimas corrían por sus mejillas con más frecuencia.

Decidimos llevar a mamá de vuelta a Florida, donde mi hermano John y su esposa, poseían un departamento en el que mamá podía vivir. Sin embargo, esta vez sería la definitiva. Ella no regresaría a Pensilvania hasta que la lleváramos a casa para su descanso final, lo cual esperábamos que no sucediera pronto.

Capítulo 5
. . . .

Fuera de casa, en casa

Sacar a mamá de la antigua finca fue difícil. En cada repisa, en cada cajón, encontramos recuerdos, fotografías y otros objetos de valor sentimental. Demasiados recuerdos preciados nos inundaron, recuerdos de nuestra juventud y de la vida de mamá y papá, y de todo lo que habían vivido juntos.

Pasamos varios días empacando las pertenencias de mamá, sabiendo que ella nunca volvería a vivir ahí de nuevo. Regalamos la mayoría de los muebles pesados, incluyendo su precioso piano, un piano vertical que pesaba una tonelada. La ropa la llevamos en bolsa al Ejército de Salvación y llenamos un enorme contenedor del patio trasero de comida expirada, muebles y otras cosas para las que no tendría espacio en su departamento de Florida. Nuestro abuelo paterno había llegado de Siria a Estados Unidos a principios de la década de 1920, entrando al país por la Isla Ellis, con nada más que su ropa. A través de sacrificios y de trabajo duro, él hizo su vida en nuestra pequeña ciudad y la familia

Abraham prosperó. Ahora, mamá estaba dejando su ciudad natal con un poco más de lo que nuestro abuelo poseyó inicialmente. Este era el final de una era para nuestra familia.

Tink permaneció más tiempo y llevó a Florida las pertenencias sobrantes de mamá. Ella viajó con Tink en el camión y durante las dieciocho horas del viaje le ofreció repetidamente: «Me encantaría conducir, Tink. Necesitas descansar».

Acomodamos a mamá en el departamento, colocamos toda su ropa y sus muebles, y le compramos un nuevo televisor grande para su sala de estar. Colgamos fotografías familiares y piezas económicas de arte en los muros, además de figurillas de porcelana, y pronto el departamento de mamá lucía como su hogar.

Volver a establecerse en Florida fue más difícil esta vez, porque mamá ya no estaba trabajando. En cambio, ella vivía sola y pasaba el tiempo mirando televisión, y mis hermanos y sus familias la visitaban tan frecuentemente como podían. Antes, cuando mamá viajaba a Florida y permanecía ahí durante algunas semanas en el invierno, las actividades de los demás miembros de la familia se adaptaban a su visita. Era una fiesta perpetua: salían a cenar, visitaban las diferentes atracciones de Orlando o simplemente asistían a la iglesia y comían juntos o miraban un partido de fútbol. No obstante, una vez que mamá se estableció ahí, la fiesta básicamente se terminó. Mis hermanos y sus familias tenían que lidiar con la vida real, la cual incluía el trabajo, la escuela, el mantenimiento del césped, la ropa sucia y la miríada de detalles cotidianos de la vida, todo lo cual tomaba el tiempo que antes se le dedicaba a mamá. Al poco tiempo, ella se estaba quejando de estar sola de nuevo, aunque mis hermanos y sus familias vivieran a diez minutos de su casa y la visitaran frecuentemente.

—Ya nunca veo a nadie —me decía cuando hablaba con ella por teléfono. Yo no podía imaginar que mis hermanos y sus familias no le dieran vueltas a mamá. Asumí que no importaba cuan frecuentemente se detuvieran mis hermanos para ver a mamá, no sería lo suficiente como ella preferiría. Nunca se me ocurrió que posiblemente sí la estaban visitando y mamá no podía recordar que habían estado ahí, que se le estaba dificultando cada vez más recordar los eventos recientes.

Ella se aburría con facilidad y se quejaba sin cesar de que deseaba encontrar un empleo, cualquiera que fuera, y que lo haría si tan solo tuviera un coche. Ella podía bien haber trabajado a los casi ochenta años de edad, pero nosotros nos preocupábamos de que condujera en el tráfico de Orlando. Aunque nosotros no lo sabíamos en ese momento, mirando en retrospectiva, es fácil asumir que las etapas iniciales de la demencia ya estaban entorpeciendo sus reflejos y reduciendo su capacidad de conducir seguramente. Cuando la llevamos a vivir a Florida la segunda vez, nosotros regalamos el coche, tal vez providencialmente, pero muy a su pesar. Como resultado, mamá no tenía manera de andar por la ciudad de no ser por el transporte público, el cual detestaba. Yo no podía culparla. Los autobuses eran calurosos, olorosos y estaban llenos, y la mayoría de pasajeros hablaban idiomas que mamá nunca había escuchado, mucho menos entendía; de manera que se ponía muy nerviosa cuando intentaba ir por la ciudad a bordo del transporte público. Ahora me pregunto si temía abordar los autobuses, posiblemente incapaz de recordar cuándo descender, o se confundía acerca de qué autobús abordar, o incluso hacia qué dirección se dirigía. Cualquiera que fuera la razón, a mamá le asustaba abordar el autobús. Además, ella estaba convencida de que aún podía conducir. Su nuevo lema: «Si tan solo tuviera coche...», se convirtió en el chiste favorito de nuestra familia.

Separar de su coche a un ser amado que padece de demencia, no es una hazaña fácil. La mayoría de adultos mayores desean continuar conduciendo mucho tiempo después de dejar de estar mentalmente aptos para hacerlo. Hacer que entreguen las llaves de su coche, a menudo equivale a quitarles la libertad. Mamá deseaba su coche para poder tener otro empleo, conducir al almacén o a la farmacia sola, o visitar a su hermana Ruth, quien vivía a unas cuantas millas y estaba postrada en la cama. ¿Qué persona insensible podría rechazar tal petición? Alguien que la amara, esa persona lo haría.

Conducir, por supuesto, es una actividad aprendida que se convierte en algo casi automático para nosotros. Pero es una habilidad que requiere de mucha interacción entre el cerebro, los ojos, las manos y los pies; sin mencionar la capacidad de analizar y adaptarse rápidamente a una infinidad de situaciones peligrosas potenciales. En el caso de mamá, todas sus respuestas parecían estar entorpeciéndose. Ella admitía: «No soy tan ágil como solía ser, pero todavía puedo conducir mi coche mejor que ustedes, chicos. No olviden que yo soy quien les enseñó a conducir». Pero nosotros sabíamos que aunque mamá estuviera físicamente apta para conducir un vehículo, ella podía poner en peligro la vida de alguien más. Aunque fue una decisión difícil, nosotros nos negamos a permitirle conducir. Resultó ser que eso era lo correcto, ¡pero no creo que mamá nos haya perdonado jamás!

Mis hermanos o sus cónyuges hacían un esfuerzo especial para estar disponibles cuando mamá los necesitara para ir al almacén; ellos o uno de nuestros sobrinos siempre estaban dispuestos a llevarla. Pero depender de los demás para moverse era una nueva experiencia para mamá, algo que no prefería.

Además, mamá tenía algo de dinerito. Con su ingreso de alrededor de $700 dólares al mes, por parte de la seguridad social, mamá podía costear unos cuantos lujos, después de pagar la renta. ¿La buena noticia? Ella no necesitaba mucho. Si tenía suficiente dinero para comida, dulces y unos cuantos regalos de Navidad y de cumpleaños para sus hijos y nietos, ella se sentía feliz y cómoda.

Los familiares de Florida hacían lo mejor que podían para mantener activa a mamá e involucrada en la iglesia. Uno de mis hermanos o mi sobrino, Marc, la recogían y la llevaban a la escuela dominical y a la iglesia todos los domingos. A regañadientes asistía a la clase de adultos mayores, quejándose de que simplemente sabía que no le gustaría; pero cuando llegó a la clase, ella vio un piano y, ¡qué sorpresa! ¡El grupo necesitaba a alguien que tocara el piano! Mamá se convirtió en la pianista regular del grupo de adultos mayores y ellos la recibían con gusto cada semana.

Después de la iglesia, mis hermanos y sus familias llevaban a mamá a comer y durante la temporada de fútbol, se reunían cada semana, usualmente en el restaurante Buffalo Wild Wings, que tiene múltiples televisores donde podían ver al equipo favorito de mamá: los Acereros de Pittsburgh. Su nieto Marc y ella permanecían mucho tiempo después de que los demás se habían ido a casa, algunas veces hasta las siete de la tarde, mirando diferentes partidos. A mamá le encantaba el fútbol, pero aun más, le entusiasmaba estar con la familia. Eso realmente era lo que hacía feliz a mamá.

Capítulo 6

. . . .

La paranoia y las sospechas

Al vivir sola, mamá tenía mucho tiempo para limpiar su departamento de Florida; pero muy a menudo, su sala de estar se encontraba desordenada y abarrotada. Con frecuencia dejaba comida sobre la encimera de la cocina. Nosotros pensábamos que simplemente era desordenada. Ahora nos damos cuenta de que sencillamente olvidaba dónde debía guardar las cosas, o posiblemente incluso se le olvidaba que las había sacado. Pero ella nunca olvidó ponerle llave a las puertas.

Los estudios sobre el Alzheimer indican que la gente que padece demencia, aparentemente recuerda incidentes del pasado que se asocian con emociones fuertes, ya sean buenas o malas. Mamá tenía el hábito de obstruir la puerta principal con sillas, porque todo el tiempo temía que alguien intentara entrar a robar. Yo a menudo me preguntaba si habrían abusado sexualmente de ella en su infancia, porque constantemente se preocupaba de que algún hombre «intentara meterse en sus calzoncillos». Mis hermanos y yo la molestábamos diciendo: «Mamá, tienes más de ochenta años. ¡Cualquier tipo que intente entrar en esos calzoncillos estaría arriesgando su vida!».

—¡No es gracioso —respondía mamá—. Yo sé cuando alguien me está mirando de esa manera. —De hecho, en los últimos dos años que vivió sola en Florida, siempre pareció que ella vivía con temor. Ella temía frecuentemente que intrusos entraran por el aparato de aire acondicionado, intentando robar en su departamento. Mi hermano, John, le decía a modo de broma: «Mamá, ¡abre la puerta y deja que entren! No tienes nada de valor que un ratero pudiera querer».

Aquella, por supuesto, era la respuesta incorrecta y no era de consuelo para mamá. Debido a que no sabíamos que mamá padecía demencia, nosotros considerábamos su temor como paranoia infundada. «Es mamá —decíamos—. Ella siempre ha temido hasta de su sombra». Pero, si hubiéramos pensado al respecto, ese no era el caso. Ella siempre había sido una mujer independiente y valiente. Y si hubiéramos conocido los síntomas de la demencia, nos habríamos percatado de que sus temores injustificados eran indicadores prematuros de que algo andaba muy mal.

Mamá llamaba a la policía con tanta frecuencia que ya se tuteaba con los operadores del 9-1-1. Al principio, los oficiales locales de policía respondían inmediatamente; después, simplemente llamaban a mi hermano, diciéndole: «John, tu madre llamó de nuevo». Finalmente, dejaron de acudir a su casa cuando llamaba.

Mamá se preocupaba constantemente de que alguien intentara robarle algo. Tink le compró un teclado electrónico portátil y se lo envió a su departamento, para que pudiera tocar los himnos antiguos que le encantaban tanto. Él le ayudó a instalar el piano en la habitación de huéspedes. Mamá les agradeció efusivamente a Tink y a su familia por el piano. Pero tan pronto como se fueron, ella lo bajó de la base y lo regresó a la caja, porque temía que alguien lo viera y deseara robarlo. De manera similar, ella llevaba el mobiliario de jardín al interior del departamento y lo colocaba en la sala de estar cada noche. «Alguien puede intentar robarlo si lo dejo afuera».

Nosotros no nos dábamos cuenta de que la paranoia de mamá era atribuible a la creciente demencia, que las personas que padecen demencia piensan frecuentemente que alguien está intentando hacerles daño o robarles, incluso cuando no hay amenaza alguna. Nosotros pensábamos que mamá simplemente estaba siendo irrazonable. Pero no importaba cuan segura estuviera, nada podía tranquilizar su mente. Mamá continuaba llevando su mobiliario de jardín al interior de la casa cada noche.

Ahora sabemos que una persona con demencia puede malinterpretar como amenaza una información aparentemente inocua. Si mamá veía o escuchaba en las noticias acerca de un robo en algún lugar de Orlando, ella asumía que lo siguiente que robarían los asaltantes sería su departamento. Proporcionarle datos reales rara vez lograba calmar sus preocupaciones.

—Mamá, ese robo sucedió a casi una hora de donde vives. Tú estás tan segura como un ácaro en la alfombra.

Ella sonreía y decía: «De acuerdo». Pero de todas formas llevaba el mobiliario de jardín al interior de su casa esa noche.

El hecho de que un ser amado esté yendo en declive, no significa que la persona esté despistada. No ignore sus quejas. Mamá a menudo decía cosas verdaderas mezcladas con cosas chifladas. Una noche de verdad había alguien merodeando afuera de su puerta trasera y aparentemente no iba a hacer nada bueno. John descubrió la huella de un hombre en la parte superior del aparato de aire acondicionado de su departamento, que se encontraba dentro del patio de mamá. Cuando ella vio la huella, su respuesta fue una mezcla de júbilo y terror.

—¡Lo ves! ¡Te dije que había alguien intentando entrar! —Ella encontró una barra larga de metal y la colocó en la ranura detrás de la puerta corrediza de vidrio—. Ahí está, eso lo mantendrá alejado —declaró con seguridad.

Capítulo 7

· ·

¡Así no habla
la abuela!

Algunas personas mayores son más beligerantes a medida que se acercan al Alzheimer y la demencia, y muestran signos de necedad irrazonable, irreflexión y un comportamiento extremadamente extraño. Hemos escuchado historias de personas buenas y devotas que comienzan a arrojar maldiciones y se vuelven narcisistas, absortos en sí mismos, debido a la demencia. Uno de mis profesores universitarios favoritos, un predicador que influyó positivamente en miles de mujeres y hombres jóvenes, desarrolló Alzheimer en sus últimos años. Un hombre a quien normalmente le habrían ofendido palabras o frases como «maldito» u «hostia», de pronto se volvió un grosero. Al principio, su lenguaje impactó a la familia; más tarde, se volvió algo gracioso, ya que era demasiado extraño en él, y luego se volvió vergonzoso, ya que ofendía repetidamente a los visitantes que no comprendían que la enfermedad era lo que hablaba, no su amigo de toda la vida y divino mentor.

También escuché de veces en que el Alzheimer o la demencia provocaban que una persona amable, gentil y educada se tornara extremadamente agresiva. Un hombre de noventa años tomó la palanca de velocidades del coche de su hija, mientras ella lo llevaba a su cita médica. Él quitó de posición la palanca, lo cual produjo un chirrido ensordecedor y casi provoca un accidente. El padre, quien normalmente era dócil, había respondido al temor y la confusión, porque no sabía dónde se encontraba, ni quién estaba conduciendo el coche.

La madre de otra mujer jaló violentamente el collar del cuello de su hija, lo cual le cortó la piel. «¡Es mío! Devuélvemelo», exigió la abuela que padecía demencia. La abuelita dulce y modesta soltó una serie de improperios, insultando a su nieta con todas las palabras que podía; de todas, la más linda fue «ratera». La madre y la nieta se marcharon llorando, la nieta juró que nunca regresaría.

Los cuidadores que trabajan con pacientes con Alzheimer o demencia, han observado algunas causas comunes de estos arranques: esfuerzos agotadores, confusión y demasiada agitación o estimulación; también han observado un frecuente comportamiento agresivo en las últimas horas del día, y un patrón que los cuidadores profesionales llaman «síndrome de agitación vespertina» o «sundowning». A nosotros nos ayudó aprender que no podíamos ni debíamos discutir con mamá, ni intentar razonar con ella cuando decía o hacía cosas ilógicas. En cambio, simplemente cambiábamos la actividad o el tema de conversación, y eso a menudo la tranquilizaba.

En las primeras etapas de la demencia, incluso antes de que supiéramos qué estaba sucediendo, mamá algunas veces mostraba signos de haber perdido el decoro. A nuestras hijas siempre les gustaba escuchar las historias que la abuela Minnie contaba acerca de los viejos tiempos, o incluso de los días difíciles de la Gran Depresión, o de cómo respondió Estados Unidos en la Segunda Guerra Mundial. La niñas escuchaban, asombradas de los coloridos relatos de mamá. Pero un día, incluso antes de que diagnosticaran la demencia de mamá, ella comenzó a contarles a nuestras hijas adolescentes historias vergonzosas de los años en que trabajó en una fábrica de Baltimore ayudando a construir aviones. «Salíamos y nos emborrachábamos después del trabajo; yo despertaba en el coche de alguien sin siquiera saber de quién era», admitía.

—¡Abuela! —las chicas retrocedían horrorizadas al pensar que la matriarca de la familia, quien era una cristiana devota y siempre llevaba su Biblia, viviera un estilo de vida tan libertino.

—Ah, sí, solíamos beber alcohol de grano mezclado con jugo de naranja y eso nos tumbaba en cuestión de minutos. —Mamá continuaba describiendo sus hazañas sexuales a detalle.

—¡Abuela!

—Oye, mamá, vayamos por un helado —yo interrumpía cuando me daba cuenta hacia dónde se dirigía la conversación.

—¡Ah sí, un helado sería grandioso! —respondía mamá—. Pero, chicas, recuerden que un chico solamente tiene una cosa en mente.

—Helado —decía yo, haciéndoles señas a las niñas para que subieran al coche.

En ese tiempo yo no lo sabía, pero la pérdida de «filtros» con respecto a lo que es apropiado es otro síntoma común de la demencia. Yo pensaba que mamá simplemente estaba siendo muy abierta en su conversación, como tienden a ser algunas personas mayores.

Ella hizo algo similar con Greg, el estilista de Lisa, cuando llevamos a mamá a que le arreglaran el cabello. Mientras Greg le acomodaba el cabello, mamá lo entretenía con todo tipo de historias descabelladas acerca de sus experiencias en Baltimore, suficientemente osadas como para ruborizar a cualquiera. A Greg, un personaje interesante en sí, le encantaban todos los detalles excitantes y se reía con mamá, a menudo sofocándose, fingiendo asombro, como si no pudiera creer que una mujer cristiana conservadora hiciera tales cosas. La respuesta de Greg provocaba a mamá a continuar diciendo más historias. Mientras tanto, Lisa permanecía sentada y avergonzada en una silla, al otro lado del salón.

A pesar de su actitud juguetona con mamá, Greg reconoció el declive de mamá desde la última vez que arregló su cabello. Él le confesó más tarde a Lisa: «Algo le ha sucedido a Minnie. Está diferente y parece estar apagándose».

Mamá nunca se tornó agresiva ni desagradablemente mala, y ya que era extraña, nosotros no notamos mucha diferencia en su conversación, al menos al principio. Pero, cada vez, reconocíamos que sus «filtros» habían desaparecido. Ella decía cosas groseras, hirientes o algunas veces, profanas. Ocasionalmente contaba chistes rojos capaces de hacer sonrojarse a un marinero. «¡Wow! —dijo una de nuestras cuatro hijas cuando escuchó que a mamá se le escapó algo—. ¡Así no habla la abuela Minnie!

Sin embargo, la mayor parte del tiempo, mamá simplemente decía cosas insensibles, sin insultar intencionalmente, pero siempre duras. Ahora sabemos que «mamá» no era la que hablaba, sino que los filtros de la decencia y el respecto comunes habían sido eludidos por la demencia.

No obstante, rápidamente descubrimos que no valía la pena intentar corregir su comportamiento irracional y dar reprimendas ante tales arranques impropios. Aprendimos a seguir la corriente. La mitad del tiempo ella no estaba consciente de que había dicho algo malo, y claramente no deseaba herir a nadie. Si yo remarcaba que había dicho algo incorrecto o expresado algo delusivo, ella protestaba con firmeza: «Ken, yo jamás diría algo por el estilo».

—Ah, acabas de hacerlo, mamá.

—No, no lo hice. Debiste haberme escuchado mal. Lávate los oídos.

Mamá no cocinaba mucho y rara vez se preparaba una comida de verdad; en cambio, comía mucha comida chatarra, especialmente bocadillos llenos de azúcar. A la gente con demencia y Alzheimer les gustan en particular los dulces. Mamá siempre estaba lista para otra pieza de dulce, una gran rebanada de pastel o una tarta. Curiosamente, ella en realidad estaba perdiendo peso, probablemente debido a sus hábitos alimenticios pobres. En lugar de cocinar, ella abría una bolsa de galletas y se comía todo el contenido como plato principal. De manera irónica, ella alguna vez fue una grandiosa cocinera. Cuando sus chicos llegaban a casa, ella esparcía la comida como si alimentara a un ejército. Ahora, iba al almacén con mis hermanos o mis cuñadas y tomaba tres o cuatro de cada cosa.

—Mamá, ¿por qué compras cuatro bolsas de papas? —inquiría mi hermano.

—Porque es posible que las necesite y no sé cuándo podré regresar al almacén de nuevo. —Desde luego, ahora sabemos que acumular es uno de los pasatiempos favoritos de las personas con demencia; pero en ese tiempo, su comportamiento irrazonable simplemente irritaba a mis hermanos y a sus esposas. Sin embargo, nuestras hijas veían con humor los excesos de su abuela y le acuñaron una frase, con respecto a sus hábitos de compra: «¡Si uno está bien, diez son mejor!».

Mamá siempre le extendía cheques a los familiares, ninguno de los cuales fue cobrado, para los cumpleaños, aniversarios y días festivos. En su juventud, a ella nunca le faltaba comprar tarjetas y regalos para nadie, pero ahora normalmente no recordaba enviar algo, hasta que alguien le recordaba que esa persona de la familia estaba celebrando una ocasión especial. Mamá se apresuraba y escribía rápidamente un cheque y lo llevaba al correo. Nosotros siempre recibíamos sus regalos con gran gratitud, pero ella en realidad no tenía dinero de sobra, de manera que simplemente le agradecíamos y continuábamos como si hubiéramos cobrado los cheques. Ya que mamá nunca hizo el balance de su chequera en la vida, nosotros no temíamos meternos en su contabilidad. Era todo un negocio. Mamá recibía el gozo de dar y nosotros recibíamos el beneficio de su amabilidad, sin drenar su cuenta bancaria.

Cuando ella le envió un cheque de veinticinco dólares a nuestra hija, Ashleigh, para su décimo octavo cumpleaños, Ashleigh preguntó: «¿Qué debo hacer, papá? Si lo cobro, ella se quedará sin ese dinero; y si no lo cobro, ella se dará cuenta».

—Simplemente haz lo que creas más conveniente —le dije.

Ashleigh veía el cheque como si fuera por un millón de dólares. Para una estudiante del primer año de universidad, veinticinco dólares era mucho dinero. Ella sonrió y guardó el cheque en su bolso.

—Creo que simplemente lo conservaré durante algunos años —dijo.

Capítulo 8
· ·

Los accidentes suceden

Con el fin de darles un descanso a mis hermanos y a sus familias, y para darle unas vacaciones a mamá, mi esposa, Lisa y yo, arreglábamos viajes frecuentes para que mamá nos visitara en Tennessee, especialmente en días festivos y cumpleaños. La fiesta del décimo sexto cumpleaños de mi hija, Alyssa, fue una ocasión perfecta para uno de esos viajes. Trajimos en avión a mamá una semana antes del evento, para que pudiera viajar junto con algunos adultos mayores en un paseo especial de fin de semana a Branson, Missouri. Mamá conocía a Fred y a Eleanor Garton, y a algunas otras personas de la excursión, quienes asistían a la escuela dominical. Fred era un conductor profesional de camión y él conduciría el autobús; nosotros también pudimos arreglarle a mamá una compañera de cuarto, así que yo me sentía cómodo de dejarla viajar sin nosotros.

Mamá disfrutaba los eventos de música góspel y country de Branson, así como la infinidad de tiendas de artesanías de Ozark Mountain. Se adaptó muy fácilmente, pero ella y su compañera de cuarto llegaban tarde, se perdían o se confundían constantemente. Los Garton tuvieron que salirse del camino en varios lugares, para encontrar a mamá y asegurarse de que se subiera al autobús (de no haber sido porque Fred y Eleanor la cuidaban, ¡mamá continuaría en Branson!). Cuando el grupo regresó a Nashville, Eleanor se nos acercó a Lisa y a mí, preocupada genuina y sinceramente por mamá.

—Por favor, ya no dejen que Minnie viaje —dijo Eleanor—. No es seguro.

Sin embargo, mamá estaba tan feliz como una alondra. Según ella, el viaje a Branson había sido un éxito rotundo, un indicio de que ella podía moverse por sí sola. Ahora ella estaba ansiosa por asistir a la fiesta de Alyssa, un evento de baile de swing que se llevaría a cabo en el centro de Nashville.

La fiesta comenzaría a las 7:00 p.m., pero no podríamos entrar en el edificio sino hasta las 5:00 p.m., de manera que tendríamos que bajar la comida, la decoración y los artículos para la fiesta, en medio del tráfico de la hora pico. Arreglamos los detalles tan meticulosamente como un operativo policiaco, planeando quién tomaría qué caja del coche y en qué orden. Pero cuando llegó el momento de partir a la fiesta, mamá no deseaba ir.

—No me siento bien —dijo—. Voy a recostarme un rato.

—¡Mamá! No puedes recostarte ahora. Tenemos que marcharnos. Hemos planeado el tiempo preciso para que podamos llegar con el tráfico y descargar todos los artículos de la fiesta a tiempo.

—Adelántense —ella rogó—. Posiblemente llegue más tarde.

—¿Cómo vas a llegar más tarde? No puedes conducir hasta el centro de Nashville.

—Lo sé. Si tan solo tuviera un coche.

—No, no, no. Tener un coche no haría la diferencia. Yo no puedo dejar que conduzcas hasta el centro. No sería seguro ni para ti ni para las demás personas.

—Me voy a recostar —dijo mamá, y luego subió las escaleras y se recostó en la cama.

¿Qué hacer, qué hacer? Yo estaba preocupado por mi mamá, pero teníamos docenas de adolescentes y chaperonas que llegarían al centro en unas cuantas horas, esperando que comenzara la fiesta de baile. Peor aun, ¡qué vergonzoso sería para nuestra hija que acababa de cumplir dieciséis años si arruinábamos su gran noche! Teníamos que llegar a la fiesta y más tarde, lidiar con mamá y sus achaques.

Dejamos las puertas de nuestra casa sin llave y nos dirigimos hacia el centro. En el camino, mi esposa y yo organizamos nuestra mente, intentando pensar en alguien que pudiéramos enviar a casa para revisar cómo estaba mamá. Tendría que ser alguien que conociera nuestra casa y a quien mamá pudiera reconocer, para evitar que llamara de nuevo a la policía. Finalmente acordamos enviar a Heather Stevens, una querida amiga de la iglesia. Esperábamos que mamá recordara haber visto a Heather en nuestra casa y en la clase de la escuela dominical. Heather también cantaba en la primera fila del coro Christ Church y a mamá le encantaba escuchar cantar al coro. De manera que había una probabilidad de que, si Heather podía entrar a la casa sin algún incidente de por medio, ella pudiera revisar cómo se encontraba mamá y permanecer ahí hasta que llegáramos a casa.

Heather llevó consigo a su sobrina de dieciocho años, Brittney. Cuando las mujeres llegaron a nuestra casa, ellas tocaron el timbre repetidas veces, pero nadie respondió. Decidieron asomarse por el vestíbulo y llamarle a mamá, esperando no asustarla.

—Minnie. ¿Minnie? —gritó Heather—. Soy Heather, de la iglesia. ¿Estás ahí? ¿Te encuentras bien? ¿Hola? ¿Minnie? ¿En dónde estás?

Justo entonces, ellas escucharon un ruido que provenía de una de las habitaciones, de manera que Heather y Brittney subieron las escaleras, llamando a mamá suavemente, para que ella no se asustara al verlas.

—¿Hola? ¿Minnie?

Ellas encontraron a mamá en el cuarto de baño de invitados y fue inmediatamente obvio que no había llegado a tiempo una vez. Ella había tenido un accidente y fue un desastre. Apareció débil y pálida. «¡Oh, señora Minnie! ¿Se siente bien?», preguntó Heather.

—Ay no, querida —respondió mamá—. No me estoy sintiendo muy bien. He estado sentada aquí durante un rato.

Las dos mujeres sostuvieron a mamá por los codos, la levantaron al inodoro y rápidamente comenzaron a limpiarla. Heather encontró un camisón limpio para mamá y ambas la llevaron a un sofá de la planta alta, donde le dieron agua para beber. Brittney nunca había conocido a mamá antes, pero en cuestión de minutos, ella, Heather y mamá parecían viejas amigas.

Entonces, a mitad de la frase, mamá dijo: «¡Ay no! —Eso fue casi todo lo que pudo decir antes de que todo su sistema digestivo pareciera deshacerse—. ¡Tengo que ir al baño! —gritó.

Demasiado tarde.

Una explosión de diarrea cayó por sus piernas. Las mujeres intentaron en vano llevar a mamá rápidamente al baño, pero donde pisara, ella dejó una huella en toda nuestra alfombra blanca. «Ay, lo siento, cariño», ella continuaba diciéndoles a las mujeres, apresuradas por encontrar papel higiénico y toallas. Heather y Brittney acababan de limpiar a mamá y llevarla a la cama, entonces, El Ataque del Súper Accidente sucedió de nuevo. Esta vez, mamá ni siquiera pudo salir de la cama.

Cuando nosotros llegamos a casa, Heather y Brittney estaban exhaustas y mamá se encontraba durmiendo profundamente en la cama. Lisa, su hermana Debie y yo, limpiamos la alfombra y la ropa, e incluso las paredes durante un tiempo hasta la mañana siguiente.

Poco después del amanecer escuchamos que mamá estaba moviéndose en su habitación. Pensando que podría estar teniendo una recaída, yo corrí por las escaleras para ver si podía ayudarla. Para mi asombro, ella estaba despierta, vestida y perfectamente bien.

—Buenos días —dijo con alegría, como si la noche anterior no hubiera sucedido nada—. Voy a preparar café y luego a limpiar esas ventanas. Algunas aves defecaron en ellas.

—Ah, sí, mamá. Otra ave defecó en otros lugares también —ella no entendió en absoluto lo que quise decir, mientras se dirigía a la cocina—. ¿Estás segura de que te sientes bien?

—¿Por qué? ¡Desde luego! —respondió descaradamente—. ¡Nunca me había sentido mejor!

Mamá permaneció con nosotros hasta el Día de Acción de Gracias; luego regresó a Florida para celebrar la Navidad con la familia de allá. Llevar a mamá a su casa a Florida después de una de sus visitas a Nashville, siempre era una aventura. Ella podía caminar y disfrutaba viajar en avión, pero se le dificultaba recorrer los largos pasillos del aeropuerto. Aunque a mí no me gustara ver a mamá en una silla de ruedas, era mucho más fácil conseguir una silla de las aerolíneas y llevarla de esa manera para abordar su vuelo. Ella se negaba a dejar que la ayudara el asistente, así que para aminorar sus preocupaciones yo conseguía un pase de las aerolíneas que me permitía acompañar a mamá por el retén de seguridad y llevarla a su sala.

No era fácil sortear los retenes de seguridad con mamá en la silla de ruedas, junto con su bolso y una grande bolsa llena de todo, desde galletas hasta papel higiénico. Además, siempre resultaba sobrecogedor sentar y levantar varias veces a mamá de la silla para caminar por los sensores de seguridad. Peor aun, mamá tenía una placa de metal en el pie, la cual resultó de un accidente que sucedió cuando se resbaló en el hielo y se cayó en su veranda, años atrás, rompiéndose el tobillo. Algunas veces, yo recordaba decirles a los oficiales de la Administración de la Seguridad en el Transporte acerca de la placa y otras veces lo olvidaba. Pero cuando lo olvidaba, las alarmas se encendían rápidamente.

—Ah, cariño, no es nada —mamá le decía al oficial cuando este le ordenaba salir de la fila, con la barra electrónica en mano—. No te preocupes en lo absoluto —ella le aseguraba.

Debido a la infinidad de detalles para pasar a mamá por los retenes de seguridad del aeropuerto, yo normalmente me tomaba mucho tiempo cuando la llevaba a su vuelo. Mamá se negaba a ir y deseaba pasar cada último minuto con nuestra familia, antes de dirigirse al aeropuerto. Habitualmente yo estaba de acuerdo con ello, ya que vivíamos a menos de media hora del Aeropuerto Internacional de Nashville. Pero una tarde, luego de una fiesta, nos quedamos un poco más de tiempo en nuestra casa, antes de partir. Nos apresuramos hacia el aeropuerto y comenzamos nuestra maratón por la seguridad.

No acabábamos de salir de la zona de seguridad, cuando mamá volteó en su silla y dijo: «Ken, necesito ir al baño».

Ay, no. «De acuerdo, mamá. Te llevaré en la silla a la puerta del sanitario y te ayudaré a levantarte. Tú entrarás y lo harás rápidamente. No falta mucho tiempo para que despegue el avión».

—Ay, me conoces. Seré rápida —respondió. Llevé a mamá en la silla a la entrada de un baño, el cual no tenía puerta, y la ayudé con trabajos a levantarse de la silla de ruedas. Ella se dirigió al baño, arrastrando los pies, mientras yo esperaba afuera, intentando no parecerles sospechoso a las mujeres que entraban y salían del baño.

Esperé y esperé. *¿Qué está tomando tanto tiempo?*, me pregunté. Me paré afuera del sanitario de mujeres, mirando mi reloj, caminando de un lado a otro. Es sorprendente que nadie haya llamado a seguridad. Cuando vi que mamá no salía, intenté llamarla en la entrada del sanitario.

—Mamá, ¿estás ahí? —*¿dónde más podría estar?*—. ¿Te encuentras bien? —No hubo respuesta. Continué caminando de un lado a otro, afuera del sanitario, acercándome audazmente a las extrañas, cuando salían. «¿De casualidad vio a una mujer pequeña allá adentro? Ella vestía un saco verde y pantalones negros, y su vuelo está a punto de despegar sin ella». La mayoría de pasajeras me miraban sospechosamente, sin decir nada. Algunas sacudían la cabeza y se apresuraban para tomar su vuelo.

Finalmente, escuché que mamá gritó: «Ken, ya voy».

No despegué la mirada de la salida del sanitario, hasta que la vi saliendo de ahí, sostenida del brazo de una joven atractiva.

—Ella no podía subirse los pantalones —dijo la mujer, sonriendo—, así que estaba atorada en el cubículo. —Inmediatamente tuve visiones de mamá sobre el retrete, atorada en su propia ropa interior. Era triste pero gracioso a la vez.

—Los pudimos subir, ¿verdad, Minnie? Ella estará bien hasta llegar a Florida.

Mientras la mujer se apresuraba para tomar su vuelo, yo me asombré de la relación inmediata que tuvieron mamá y ella. Se acababan de conocer en el cubículo del baño y la mujer ya sabía el nombre de mamá y el destino de su vuelo. Así era mamá, con accidentes o sin ellos, ella nunca conoció a una persona con la que no hiciera amistad instantáneamente.

Capítulo 9

. . . .

El extraño impulso de robar y otros signos que no percibimos

Para haber sido una mujer piadosa, mamá desarrolló un impulso extraño e insaciable de tomar cosas que no le pertenecían, o cosas que no necesitaba. Esto, igualmente después supimos que era algo que a menudo se asocia con la demencia y que es posible que una persona con Alzheimer no recuerde lo que le pertenece y lo que no; o que la persona simplemente no recuerde la razón por la que no debe tomar algo. El hurto es común en los pacientes de Alzheimer, algunas veces debido a que la persona no recuerda que debe pagar por los artículos antes de marcharse de una tienda o quizá debido a que ni siquiera recuerda cómo funciona el sistema. De manera que su piadoso abuelo simplemente se sale de la tienda con un martillo nuevo, encendiendo en el acto todas las alarmas de seguridad.

Ahora sé que la persona con demencia o Alzheimer puede llevar puesta una tarjeta del tamaño de una billetera que afirme que tiene problemas de memoria, y la mayoría de tiendas no presentan cargos por hurtos menores; pero en ese tiempo, nosotros no teníamos idea de ello y a menudo nos avergonzaba la repentina cleptomanía de mamá. Cuando salíamos a comer a un restaurante, ella siempre regresaba a casa con el bolsillo lleno de paquetes de azúcar o de sustituto de azúcar. Mamá ni siquiera le agregaba azúcar a nada, pero ella pensaba que alguien podía necesitar un poco de endulzante en su taza de café.

Para la boda de nuestra hija, Megan, en junio de 2005, Lisa animó a mamá a tomar prestado un hermoso collar de perlas. Contrastado con su vestido favorito color azul índigo, el que mamá estaba convencida de que había utilizado en su propia boda (ella en realidad había usado el vestido para la boda de Lisa y yo), el collar de perlas lucía genial en mamá. Ella lucía hermosa, aunque insistía en acomodarse ella misma el cabello, lo cual se trataba de lavarse el cabello y dejarlo secar naturalmente. Estadísticamente, esa no era una buena idea. Sin embargo, mamá disfrutó la fiesta y nosotros nos sentimos honrados de que asistiera. Cuando regresó a Orlando, ella se llevó consigo el collar.

Un día, semanas más tarde, Lisa estaba buscando el collar, cuando se percató de que mamá no lo había devuelto. A mamá «se le había olvidado», lo cual, en ese tiempo pensábamos que era su manera de apropiárselo. Nosotros no nos percatábamos de que dos aspectos de la demencia estaban en juego en esta situación. El primero era su falta sincera de memoria con respecto al collar. Ella probablemente ni siquiera sabía que lo tenía o, si lo sabía, no podía recordar de dónde lo había obtenido. El otro aspecto es menos noble: la gente con demencia a menudo tiene «dedos pegajosos», hurtan y toman todo lo que esté suelto. Nosotros la molestábamos diciendo que había intentado robar el collar «sin valor» de Lisa, lo cual la irritaba más. Bromeábamos, pero en su mente, nuestras acusaciones eran serias. Mi hermano Tink, resolvió el asunto cuando encontró el collar en el departamento de mamá. Él hizo que mamá le enviara el collar de vuelta a Lisa y la reprendió suavemente por intentar robarlo.

A medida que la demencia se deslizaba lentamente sin darnos cuenta, la memoria de mamá se degeneraba más y ella se quejaba más frecuentemente. Su actitud normalmente dulce, se tornó amarga y, honestamente, yo pensaba que solo estaba siendo irascible y malagradecida.

Parte de su ansiedad surgía del hecho de que la estructura de su vecindario de Florida había cambiado, aparentemente de un día para otro, de ser una zona acomodada a ser una comunidad multinacional en la que el inglés ya casi era un idioma extranjero. A mamá no le importaba la nueva complejidad de sus vecinos, pero estaba acostumbrada a hablar sin trabas con cualquiera que permaneciera cerca de ella el tiempo suficiente. Mis hermanos solían reírse de ella por la manera en que se involucraba en una larga e interminable conversación con casi cualquier persona que llamara por teléfono. Después de hablar con alguien durante casi una hora, ella colgaba y sonreía.

—¿Quién era, mamá? —preguntaba alguno de nosotros.

—No lo sé —respondía sinceramente—. Era número equivocado.

No obstante, ahora casi todos sus vecinos provenían de lugares fuera de las fronteras de Estados Unidos y a mamá se le dificultaba saltar las barreras del idioma. No era que no lo intentara.

Cuando la llamé un día, ella me dijo que la noche anterior había estado fuera hasta tarde en un estudio bíblico con algunas personas de su condominio.

—Caramba, eso es genial, mamá. Me alegra mucho que estés saliendo a conocer a tus nuevos vecinos. ¿De qué se trató el estudio bíblico?

—No lo sé —dijo—. Todo fue en español.

Habría sido útil poder detectar las advertencias tempranas del desarrollo de la demencia de mamá, posiblemente algunos medicamentos hubieran podido ralentizar el inicio de la enfermedad. Si no, habríamos podido comprender mejor con qué estábamos lidiando.

Desde luego, nosotros estábamos conscientes de la pérdida de memoria de mamá, pero que olvidara citas o nombres no era nuevo en ella. Nosotros la habíamos molestado durante años por su tendencia a confundir nombres, desde R2-D2 de *Star Wars*, a quien llamaba RTDT, a decirle a un famoso compositor: «Continúa escribiendo esas cancioncitas, George». Su nombre era Gordon.

Claro, se le dificultaba mantener el registro de las cuentas mensuales, pero eso tampoco era nuevo. La incapacidad de llevar a cabo tareas diarias, perderse en la ciudad, tener problemas para encontrar una palabra durante una conversación, colocar las cosas en el lugar equivocado, las acusaciones falsas, juzgar mal al lidiar con dinero, alejarse de los amigos, mostrar malhumor, recelo o ansiedad excesivos (todos ellos indicadores del Alzheimer), eran muy comunes en mamá, nosotros no notamos nada extraño. Ninguno de nuestros familiares había estudiado el Alzheimer o la demencia, de manera que probablemente no habríamos reconocido ninguno de los signos aunque los tuviéramos frente a nosotros. Ah, seguro que reconocíamos que la mente de mamá ya no era tan aguda, pero racionalizábamos todo lo que mamá hacía con la excusa: «¡Ella está envejeciendo!».

Para el cumpleaños de mi hermano John, en septiembre de 2007, su esposa, Sandie, organizó una fiesta de gala en su casa, para celebrar junto con docenas de amigos. Era el tipo de ambiente en el que mamá normalmente sobresalía, yendo de una persona a la otra en la multitud, diciendo cosas como: «Bien, ¡hola, cariño! ¿En dónde has estado? No te he visto en mucho tiempo». O: «Necesitas comer más. Estás adelgazando demasiado. Déjame traerte una rebanada de pastel».

Pero no ese año.

Durante toda la fiesta, mamá se sentó en la orilla de un sofá en la sala de televisión, huraña, a penas pronunciaba palabra a cualquiera de los familiares. Cuando Lisa o yo intentábamos animarla a ir con nosotros, conocer a nuevos amigos o saludar a los conocidos, ella se negaba.

—No, cariño, estoy cansada. Me voy a sentar aquí.

Sus acciones eran atípicas en ella, pero yo no reconocía nada erróneo. Simplemente pensaba que estaba teniendo un mal día.

Aunque mamá vivía a solo unos minutos de distancia de mis hermanos, ella les llamaba al trabajo para hablar con ellos todos los días. Llamaba varias veces casi a diario. Ella no necesitaba nada ni deseaba nada más que hablar con ellos, pero ellos se encontraban trabajando y la línea por la que les llamaba era el número gratuito al que llamaba cuando vivía en Pensilvania. Las recepcionistas siempre eran amables con ella. «John, su madre está en el teléfono... de nuevo».

—Mamá, por favor no me llames al trabajo, a menos que sea una emergencia —John la amonestaba amablemente.

—John —ella respondía enfadada—, yo nunca te llamo al trabajo.

—Sí, mamá, lo haces. Varias veces. Todos los días. Siempre me encanta escucharte, pero tengo que trabajar para sobrevivir y a mi jefe no le gusta que pierda el tiempo en el teléfono.

—Yo no pensaría en hacerte perder el tiempo.

—Lo sé, mamá. Solo no me llames al trabajo. Llámame a la casa o llama a Sandie durante el día. —Era un esfuerzo frustrante e inútil de parte de mi hermano y casi todos los días sucedía lo mismo.

Su acuidad mental no era lo único que estaba fallando, sino el cuerpo físico de mamá también comenzó a traicionarla con mayor frecuencia. Habiendo sido una gran nadadora durante toda su vida, un día, mientras se encontraba nadando en la piscina de John y Sandie, mamá se hundió hasta el fondo y no podía salir del agua. John, Tink y Marc, se dirigieron a la piscina para rescatarla. Mamá insistía en que algo dentro del agua la estaba jalando.

—No hay nada en la piscina. No hay nada que te jale.

—Bien, algo me jaló. No podía zafarme.

John se encogió de hombros y dejó ahí el asunto. No valía la pena discutir. Mamá estaba convencida de que algo debajo del agua la había jalado.

Mirando en retrospectiva, yo no puedo evitar preguntarme si ya estaba comenzando a sufrir de mini ataques, los cuales interferían con su cerebro lo suficiente como para que no pudiera mover sus brazos y sus piernas al nadar.

Un día, cuando John pasó a visitarla, ella no podía salir de la cama. Había ensuciado su ropa de cama y su departamento olía a letrina. Había hecho otro desastre, similar a lo que hizo en nuestra casa un año antes.

—Vamos, mamá, quiero que vengas a vivir conmigo hasta que te sientas mejor —le dijo John.

—No, no, estoy bien. Solo que mi deposición está un poco floja ahora —dijo en son de broma, sonriendo.

A pesar de las protestas de mamá, John la llevó a su casa y Sandie la recostó en la cama. Al día siguiente, mamá no se podía levantar al baño, de manera que tenía «accidentes» frecuentes que ensuciaban su ropa de cama. Que no llegara al baño a tiempo de vez en cuando, no era inusual, pero que no llegara jamás era algo nuevo. Una vez más, nosotros no nos dábamos cuenta de lo que estaba sucediendo, pero es posible que los mini ataques que finalmente destruyeron su memoria a corto plazo, ya se hubieran intensificado. Ella permaneció en cama durante algunos días; luego, sin cambio alguno en su tratamiento o su medicación, días después se sentó, se levantó de la cama y continuó el día como si no hubiera sucedido nada. Ella se sentía bien, afirmaba.

Sandie pensaba que mamá los estaba «manipulando», que simplemente estaba pretendiendo estar enferma para poder llamar más la atención de John. Pero en realidad, nosotros no sabíamos que este era el principio del fin.

Capítulo 10

. . . .

Cuando ya no es posible vivir solo

A pesar de la tendencia descendiente de las capacidades de mamá, todavía había ocasiones en que parecía estar lúcida, coherente y casi como la madre que siempre habíamos conocido. Una de aquellas veces resultó de una decisión serendipia que Lisa y yo tomamos de organizarle a mamá una fiesta sorpresa para su octogésimo quinto cumpleaños, en Tennessee, el 7 de octubre de 2007. Pero no una fiesta cualquiera, no; este sería el regreso de la Mahaffey Camp Meeting, el campamento de la iglesia al que mamá asistía de joven. Pedimos himnarios prestados de nuestra iglesia, decoramos la casa como una antigua reunión del campamento y colocamos fotografías de mamá cuando era joven. Uno de nuestros amigos a quien mamá amaba, Tommy Ring, llevó un teclado Kurzweil y lo colocó en nuestra sala de estar.

—Ustedes van a ser muy bendecidos por honrar de esta manera a su mamá —dijo Tommy, mientras colocaba el piano.

Nuestro plan era que todos nuestros invitados pidieran canciones y mamá improvisara, mientras nosotros cantábamos como en un himno antiguo. Invitamos a nuestro grupo de escuela dominical y recibimos la agradable sorpresa de más de ochenta personas que llegaron a nuestra casa para celebrar el cumpleaños de mamá. Nuestra hija, Megan, llevó a mamá en la tarde a que le arreglaran el cabello y la alejó de la casa, hasta que decoramos y llegaron los invitados. Apagamos las luces de nuestro vestíbulo y esperamos. Mamá estaba cerca de la puerta principal, cuando se me ocurrió que posiblemente su corazón no podría soportar una sorpresa tal.

Megan abrió la puerta y mamá entró: «¡Sorpresa!». Todo mundo gritó, mientras prendíamos las luces, provocando que mamá retrocediera con una mirada de asombro total en su rostro. Durante un momento temí que la perdiéramos, que hubiéramos provocado un ataque cardiaco, que ella se cayera en la veranda y rodara por las escaleras de entrada. Pero ella se recuperó y cuando se dio cuenta de lo que estaba sucediendo, comenzó a disculparse inmediatamente por responder negativamente.

—Lo siento —les dijo a algunos de los invitados—, no sabía lo que sucedía. ¡Nadie me dijo nada!

Le entregamos un gran arreglo de flores a mamá y, después de una cena completa «al estilo sureño» de pollo frito, judías verdes, puré de papas y rollos de levadura de cerveza, cantamos «Feliz Cumpleaños» y disfrutamos del pastel y el helado. Entonces reunimos a todos en el salón familiar.

—Mamá, deseamos que toques para nosotros y cantaremos contigo —le dije. La ayudé a colocarse detrás del Kurzweil.

—Ay, no sé si pueda tocar con este —dijo, presionando los controles. Pero en cuanto alguien eligió una canción para entonar, mamá ya estaba colocada en el teclado.

Cantamos «Sublime gracia»[1], «Victoria en Cristo»[2], «Cuán grande es Él»[3], y docenas de himnos. Sin leer las partituras, mamá tocó todas las canciones de memoria y cantó toda la letra con nosotros, a menudo haciendo los coros. Fue algo verdaderamente asombroso. Mamá apenas podía recordar qué día era, ¡pero ella todavía podía recordar todos esos himnos de memoria! Además, ella dirigió nuestro coro improvisado desde el piano y cuando se daba cuenta de que alguien no estaba cantando con todo su corazón, lo señalaba y decía: «¡Vamos, cariño! ¡Canta!». Nuestros amigos respondieron positivamente e hicieron que mamá se sintiera muy especial mientras continuaba tocando. Alguien decía cada hora: «Minnie, ¿ya te cansaste de tocar?».

Mamá lucía asombrada. «Cariño, ¡yo puedo tocar mientras tú cantes!», ella bromeaba y comenzaba a tocar otra canción. Nos reímos y cantamos durante más de dos horas.

«¡Yo puedo tocar, mientras tú cantes!».

—Minnie, deberías mudarte a Tennessee —le dijeron algunos de los amigos que asistieron a la fiesta.

—Bien, debería —respondió ella—, me encantaría.

Desde luego pensábamos en llevar a mamá a Tennessee, pero teníamos más familiares en Florida, de manera que para ella era lógico vivir allá. Pero entonces, mamá se cayó de las escaleras de su departamento. Ella se había resbalado y caído antes, siempre terminando en su trasero y rebotando hasta quedar de pie; pero cuando se tropezó en las escaleras desde arriba y cayó en un montículo de las escaleras, no pudo levantarse. El teléfono se encontraba del otro lado de la habitación y ella estaba atorada. Le tomó mucho tiempo llegar a gatas al teléfono y llamar a mis hermanos para pedir ayuda. Dichosamente, ella no tuvo heridas graves, pero esto nos envió una señal de alerta a mis hermanos y a mí. Posiblemente no era buena idea que mamá continuara viviendo sola.

Tomar la decisión de dónde colocarla resultó difícil. ¿Deseábamos «confinar a un asilo» a nuestra madre? Ella todavía podía hablar, salir y cuidarse sola, de manera que preferimos que tuviera algo de flexibilidad y movilidad. Pero ella necesitaba tener gente a su alrededor. Consideramos contratar cuidadores de base, pero sabíamos que mamá no aceptaría esa opción. Posiblemente podía vivir permanentemente con alguna de nuestras familias o pasar un tiempo con una y con otra. Mis hermanos y yo lo consultamos con nuestros cónyuges, y todos decidimos que deseábamos permanecer casados. Mamá nos volvería locos si le permitíamos mudarse con nosotros. Dichosamente, mamá continuaba sana y capaz de vivir independientemente, lo cual nos daba más opciones. Una vez que un anciano necesita asistencia, las opciones se reducen y los costos incrementan y terminan creciendo exponencialmente.

Lisa y yo hablamos acerca de llevar a mamá a vivir a Nashville. Para mí, esa era una decisión fácil. Este era el momento de retribución: mi mamá se había sacrificado para cuidarme de niño y me había ayudado significativamente en mi carrera de escritor, sin jamás pensar en una retribución. Ella no lo hacía por dinero ni por reconocimiento, ella lo hacía por amor. Si viviera hasta los cien años, no le podría reembolsar la deuda que le debia. Yo no sentía que debía cuidarla, me sentía honrado de cuidar a una mujer tan maravillosa, una mujer que había entrado en el umbral de la muerte para ayudarme a tener vida, quien había derramado su vida por Dios, por otras personas y sí, por mí. Yo no me vi forzado a cuidar a mamá, tuve el privilegio de retribuirle un poco durante lo que evidentemente eran sus últimos días.

Sin embargo, yo no podía haber animado a mamá a mudarse a Nashville, si no hubiera sido por el completo consentimiento de Lisa. Si usted está buscando una buena excusa para divorciarse, le aseguro que, unilateralmente, invitar a un anciano, a un ser amado dependiente a vivir a su casa, es la receta más segura que jamás encontrará para la destrucción de un matrimonio. Aunque pueda parecer algo noble tomar una decisión con la que su cónyuge esté de acuerdo o no, si usted está casado, su cónyuge y usted necesitan sopesar los detalles que esto involucra y estar en completo acuerdo de que eso es lo que desean hacer. Si sus hijos continúan viviendo en casa, lo adecuado es tener una charla sincera y franca acerca de la manera en que les afectará la llegada del anciano amado.

Mi familia evaluó los detalles y decidimos que los compromisos valían la pena. Yo comencé a investigar residencias independientes en Nashville. Debo admitir que no estaba preparado para la sorpresa de los precios tan altos. Muchas de las residencias eran encantadoras, pero la renta de un pequeño departamento con un área común de alimentos, era escandalosamente alta. Además, la mayoría de residencias independientes ofrecían una sensación de comunidad, así como seguridad y botones de emergencia, en caso de que un anciano necesitara ayuda, lo cual era una característica valiosa.

Lisa y yo visitamos «Manor», un complejo residencial relativamente nuevo a quince minutos de nuestra casa. Los exteriores estaban inmaculadamente mantenidos, repletos de flores hermosas y arbustos preciosamente podados alrededor de la propiedad. En el interior, la residencia Manor era limpia y estaba decorada impecablemente, con un mobiliario elegante, pinturas en los pasillos y un comedor regio. Los meseros, quienes estaban vestidos con camisas blancas cuidadosamente almidonadas, les servían a los residentes en mesas hermosamente acomodadas, con manteles y centros de mesa frescos.

Conocimos a Brenda, la directora de actividades, quien nos detalló el ocupado itinerario de actividades disponible para los residentes, todo desde bingo hasta béisbol con pelotas de semillas, torneos de naipes y estudios bíblicos. Igualmente, Brenda programaba con regularidad a artistas a que se presentaran en la residencia Manor, quienes llevaban a los residentes a un viaje de recuerdos musicales.

Considerando el espléndido arreglo de comida, las actividades y el entretenimiento de Manor, Lisa dijo en son de broma: «¡Es como abordar un crucero sin salir del puerto!».

Mis hermanos y yo hablamos más a profundidad acerca de llevar a mamá a vivir a Nashville. Aunque los costos eran lo triple de lo que estaba pagando en Orlando, reconocimos que debíamos hacer algo, que mamá ya no podía vivir sola. Ella podría dejar abierta la llave de gas, quemar su departamento o caminar por la calle y perderse. Todas ellas ahora eran posibilidades claras.

Yo hablaba con mamá por teléfono casi todas las noches, de manera que una tarde le dije que me encantaría que viviera en Nashville. Casi me sorprende cuan fácilmente la convencí de mudarse, aunque pude saber que estaba preocupada por «lo que pudieran pensar los otros chicos».

—Ah, creo que todos estarían de acuerdo con que vengas a vivir aquí un tiempo. Después de todo, las aerolíneas vuelan a ambos lugares y tú siempre puedes regresar a visitarlos, o ellos pueden venir a visitarte a ti. —Le esbocé una imagen atractiva de lo que podría ser su vida en Nashville. Lo único que cuidé evitar fue darle a mamá la impresión de que se mudaría a nuestra casa.

—Encontré un lugar hermoso para que vivas y está a solo quince minutos de nosotros —enfaticé.

—¡Ah! Eso suena maravilloso —susurró ella.

—Bien, lo hablaré con John y con Tink, y si están de acuerdo, me encantaría que te mudaras acá.

—Mientras estén felices con la mudanza —dijo mamá. Desde luego, mis hermanos ya habían aceptado que si mamá estaba dispuesta, haríamos la mudanza.

Capítulo 11
. . . .

La mudanza

Vestida con una chaqueta morada, pantalones negros y sus zapatillas deportivas favoritas, mamá lucía muy feliz a medida que se dirigía a la explanada del aeropuerto de Nashville. Mientras tanto, John y nuestro sobrino, Marc, transportaban todas sus pertenencias a Nashville en la camioneta de carga de John. Lisa y yo amueblamos su departamento con objetos de nuestra casa y lucía realmente lindo cuando ella llegó. Aun así, a mamá le resultaba emocionalmente difícil dejar a sus familiares de Florida. A pesar de su emoción, yo podía percibir que también estaba un tanto temerosa.

Para ayudar a aliviar los temores de mamá acerca de vivir sola en un nuevo entorno, colgamos una grande imagen de Jesús en la cabecera de su cama. En la pintura, Jesús tenía los brazos abiertos hacia el mundo, como si nos estuviera invitando a todos a la fiesta. Le hicimos un cambio un tanto místico, pero no preciso a la pintura.

—Mira, mamá. Jesús está aquí contigo —le dije— y tiene sus brazos extendidos para recordarte que te va a cuidar bien.

—Ah, eso es hermoso —dijo—. Me hace sentir mucho mejor.

Después de mudar las pertenencias de mamá al nuevo departamento, John y yo caminamos afuera y hablamos cándidamente. «Estoy convencido de que lo que más teme es que nunca los vea de nuevo a ustedes —dije—. Ya que la mayoría de la familia vive en Florida, ella estará pensando: "Nunca voy a volver a Orlando y ellos no vendrán a verme. Probablemente moriré antes de verlos de nuevo"».

John coincidió conmigo y continuamos hablando acerca de la necesidad de que nuestros familiares fueran a visitarla tan frecuentemente como fuera posible o que llamaran o escribieran, y continuaran siendo parte de su vida. Los ojos de John se llenaron de lágrimas mientras se despedía de mamá y él y Marc regresaron en la camioneta a Orlando.

La transición no fue fácil, pero con la ayuda del personal de Manor, mamá pronto hizo amigos. Al poco tiempo, ella se unió a los otros residentes para tomar el desayuno y para los ejercicios matutinos. Ella también descubrió el piano de la casa. El pequeño piano de cola tenía un control de volumen dentro del teclado y recibía discos compactos pregrabados, o podía tocarse como piano acústico.

Cuando mamá comenzó a tocar el instrumento, ella no estaba familiarizada con los controles de volumen. El piano resonó y algunos de los residentes se quejaron aun más fuertemente. No obstante, muchos de ellos disfrutaban que mamá tocara el piano, ya que ella conocía muchos himnos. Ellos solicitaban sus favoritos y mamá los tocaba todos sin partitura. Los «viejitos» estaban asombrados y mamá se sentía aceptada y como en casa.

Como parte del proceso de realojamiento, nosotros tuvimos que buscarle nuevos médicos a mamá. Ella había llegado cargando una bolsa llena de medicamentos que tomaba mientras estaba viviendo en Florida, muchos de los cuales no tenía idea de cuándo o por qué se los habían recetado. Una de las primeras cosas que decidimos hacer, fue llevar a mamá a una revisión para determinar si todos esos medicamentos eran necesarios. Descubrimos que la mitad de sus medicamentos habían sido recetados cuando vivía en Pensilvania. Aparentemente es raro que un médico le retire medicamentos a un paciente. Una vez recetados, el medicamento permanece en el registro y en la documentación del seguro para siempre. O por lo menos, eso es lo que parece, porque ningún otro médico le retiró medicamentos a mamá. En cambio, los médicos simplemente incrementaban las dosis o añadían nuevas píldoras al ya confuso y a menudo contradictorio régimen. Por ejemplo, cuando mamá llegó a Tennessee, ella estaba tomando un diurético, una píldora que le ayudaba a evacuar; a la vez, ella estaba tomando una píldora que impedía la micción. ¿Se lo imagina? *¡Sal! No, ¡detente! Sal; no, no salgas.* ¡No me sorprende que su cuerpo fuera tan rebelde!

Programamos a mamá a una examinación regular de un médico geriatra, el doctor Stephen D'Amico. Aunque no lo sabíamos cuando hicimos la cita, el doctor D'Amico es uno de los principales médicos en este campo. Solamente se necesitó de una cita con él para averiguar que mamá sufría de demencia. Yo no permanecí mucho tiempo en la primera cita de mamá con el médico, pero en citas subsecuentes, acompañé a mamá y a Lisa. Al principio, me confundió el estilo del doctor D'Amico. El médico entró y miró el registro sanguíneo de mamá y los resultados de otros exámenes que se le habían practicado desde su última visita. Habló brevemente con mama, haciéndole preguntas personales y algunas preguntas simples acerca de eventos actuales, mientras nosotros nos encontrábamos ahí en el consultorio. Entonces, estando mamá sentada a casi tres pies, él volteó con Lisa y conmigo, y dijo claramente: «No me voy a andar con rodeos. Esto no va a mejorar».

Yo me sentía ofendido y aterrado de que estuviera hablando tan francamente frente a mi madre. Más importante aun, yo no estaba de acuerdo con él en absoluto. Después de todo, nosotros éramos cristianos. Cualesquiera que fueran los achaques que mamá sufriera, estos estaban sujetos al poder de Dios. Nosotros creíamos en la capacidad de

Dios para sanar cuerpo, mente y espíritu. Aunque yo no lo decía en aquel tiempo, pensaba: *No me diga que mamá no va a mejorar. Yo no lo creo y no voy a aceptar sus suposiciones negativas.*

De regreso en casa, Lisa me recordó lo que dijo el médico. «Ken, es posible que tenga razón».

—No —dije moviendo la mano—. Mi mamá siempre ha sido un poco olvidadiza. Y preguntarle «¿Cuál es el nombre del presidente?», no cuenta. Yo dudo que le haya prestado mucha atención a un presidente desde Nixon. Si el médico le hubiera hecho una pregunta de la Biblia, mamá se habría vengado de él.

—Posiblemente, pero necesitas pensar en la posibilidad de que el médico vea algo en tu madre que nosotros no.

En retrospectiva, es fácil reconocer que yo era incapaz de aceptar la realidad, pero cuando estás en medio de la situación, especialmente en las primeras etapas en que tu padre se vuelve tu hijo, la negación es la última cosa que está en tu mente. Yo no deseaba admitir que algo andaba mal con mamá.

Ella siempre ha hecho cosas extravagantes y disparatadas, me decía a mí mismo. *Ella es extraña, eso es todo; además de eso, ella está bien.* Por otro lado, Dios la había levantado del lecho de enfermedad muchas veces. Yo había estado con mamá desde que estaba muy enferma para levantarse, pero ella aun así se levantaba, subía al escenario y daba un concierto. Lo que esto fuera, Dios era mayor y mamá podía vencerlo. Yo me negaba a aceptar la idea de que posiblemente algo le había sucedido y había causado un daño irreparable en su mente, que ella se encontraba en un precipicio inexorable y nada iba a detenerlo, ni siquiera Dios.

Capítulo 12

. . . .

Lo espiritual importa

Mamá disfrutaba vivir en la residencia, pero tal como lo había hecho en Florida, pronto comenzó a culpar a la gente de robarle sus pertenencias: su ropa interior, el control remoto de su televisor (el cual normalmente se encontraba debajo de la cama), sus pantalones vaqueros. Una vez más, nosotros no sabíamos que estas acusaciones provenían de la demencia y simplemente intentamos asegurarle a mamá que se encontraba en un entorno seguro. Conocer a otros cristianos en la residencia parecía ayudar a apaciguar las preocupaciones de mamá.

Una amiga que mamá llegó a querer especialmente fue Jolene Gardner, la viuda de un predicador. Las dos parecieron encajar en una instantánea amistad. Jolene tenía setenta y tantos años, y también padecía de demencia, pero continuaba de alguna manera consciente, aunque tenía el hábito de repetir lo que decía. Un día, cuando Lisa y yo recogimos de la iglesia a mamá, ella entró en el coche y se lamentó: «Jolene ya está despistada. ¡Ella me cuenta la misma historia una y otra vez!». Lo cual era exactamente lo que mamá nos hacía. Todos los domingos, nos hablaba acera de la camioneta de la iglesia metodista que transportaba a los ancianos de la residencia a la iglesia.

—Es lindo que la iglesia metodista haga eso —yo le seguía el hilo.

—Sí, hay muchos metodistas allá —ella dijo. Yo no estaba seguro si mamá pensaba que era bueno o malo, pero me lo decía cada semana.

Además de asistir a estudios bíblicos semanales y a los servicios de adoración en la residencia, mamá asistía regularmente a los servicios de la iglesia con nosotros. Yo daba clases en la escuela dominical de nuestra iglesia y mamá se sentaba orgullosa hasta el frente, diciendo «Amén» a casi todo lo que yo decía. La gente del grupo amaba a mamá y la trataba como reina, y a mamá le encantaba.

—A nosotros de verdad nos encanta la enseñanza de Ken —alguien le decía.

—Así lo enseñé yo —decía guiñando el ojo.

«Señora Minnie», como la gente del grupo la llamaba, era un término respetuoso de cariño. Algunas veces ella hacía comentarios disparatados y nuestros feligreses lanzaban miradas de complicidad. Yo simplemente sonreía y alzaba las cejas, como diciendo: «Por favor, perdonen las afirmaciones francas de mamá», pero a pesar de sus comentarios algunas veces vergonzosos, yo siempre estaba dispuesto a llevarla conmigo. Mamá estaba emocionada de estar en nuestra clase y el honor que los miembros del grupo derramaban sobre ella, le daba una sensación de importancia.

Aunque la memoria a corto plazo de mamá era limitada, ella poseía un gran depósito de las Escrituras y una vibrante relación con Cristo, de manera que no era de sorprender que continuara habiendo un reminiscente en ella que el Espíritu Santo pudiera extraer y utilizar. Una noche, al final del servicio de la iglesia, el pastor nos pidió que nos aproximáramos a la persona más cercana y oráramos juntos. Marie, una miembro del personal de la iglesia, estaba sentada junto a mamá y a mí. Yo le presenté a Marie a mamá y le pedí a mamá que orara por ella. Mamá no sabía nada de Marie, pero ella hizo una oración maravillosa, guiada, creo yo, por el Espíritu Santo; e hizo un impacto muy profundo en Marie.

—¿Puedo comer con Minnie un día? —Marie me preguntó con lágrimas en los ojos.

—Desde luego —respondí, creyendo que mamá probablemente ni siquiera recordaría el nombre de Marie para cuando se marchara del edificio.

Los miércoles y viernes por la noche, los servicios de la iglesia se prolongaban o nos deteníamos para comer algo después del servicio. En esas ocasiones, mamá permanecía con nosotros después de que las puertas de Manor se cerraran. Ya que los habitantes tenían sus propios departamentos en un entorno residencial independiente, la residencia no exigía un horario en que debían salir y entrar; pero por cuestión de seguridad, las puertas corredizas automáticas en la entrada se cerraban a las 9:00 p.m. Después de eso, los residentes debían utilizar sus propias llaves para entrar por la puerta trasera o la lateral. Mamá vivía en el tercer piso, lejos de los elevadores. Si nosotros entrábamos por la puerta lateral, ella tenía que caminar todo el tramo del primer piso para llegar al elevador, y luego atravesar todo el tercer piso. Como atajo, a menudo recorríamos los tres niveles por las escaleras para llegar directamente a su pasillo.

Subir por la escalera trasera no era fácil. Mamá gruñía y refunfuñaba a cada paso. Lisa, Alyssa, John o quien estuviera con nosotros, sostenía una de las manos de mamá y la jalaba suavemente por las escaleras. Mamá se asía de un barandal y yo permanecía detrás, con las manos en su cintura, mis hombros bajo su trasero, para darle un poco más de «uf» y, algunas veces, la ayudaba a levantar su pie lo suficientemente alto para que pudiera subir el siguiente escalón. Era un trabajo lento y tedioso. De vez en cuando, ella se inclinaba hacia atrás precariamente y yo temía que se cayera. Pero nunca se cayó. Ella luchaba en cada paso, negándose a darse por vencida. Lisa y yo la animábamos.

—Un paso más, abuela Minnie —Lisa la codeaba.

—Tú puedes hacerlo, mamá —yo añadía.

Para cuando terminábamos de ascender los tres tramos de escaleras, nosotros ya estábamos exhaustos. Mamá se balanceaba por el último pasillo hacia su departamento, Lisa la sostenía de un brazo y yo del otro. Yo había percibido que se le dificultaba recordar cuál era su departamento, de manera que mientras caminábamos, yo reseñaba las diferentes pinturas de los muros, un conjunto de sillas en el pasillo o un arreglo floral, solo para darle puntos de referencia como en Hansel y Gretel, desde las escaleras hasta su departamento. Su memoria se estaba patinando muy rápidamente, pero yo, pensaba tontamente que no era un problema grave. Simplemente necesitaba ayudarla más, pensaba.

Cada vez que llevábamos a casa a mamá, Lisa revisaba sus píldoras, las llenaba y se aseguraba de que había tomado todos los medicamentos que habíamos colocado en su pastillero la última vez. Entonces, Lisa la ayudaba a alistarse para dormir, mientras yo buscaba el control remoto del televisor que se perdía constantemente. Ella lo escondía a menudo (posiblemente para que nadie lo robara) y luego no podía recordar dónde lo había almacenado. De manera que mientras Lisa ayudaba a mamá a colocarse su ropa de dormir, yo me arrastraba por el suelo, buscando debajo de su cama, en su cajón, en todos lados donde hubiera un espacio, intentando encontrar el control remoto. Una vez que lo encontraba, lo volvía a programar, ya que mamá inevitablemente había presionado un botón que eliminaba la capacidad de cable del televisor, limitando así sus opciones de canales a uno o dos canales locales.

Antes de marcharnos, siempre seleccionábamos una estación cristiana para que mamá la viera hasta que se quedara dormida. También le proporcionábamos música cristiana tranquilizadora y colocamos un reproductor de discos compactos y de radio en su mesa de dormir. Sentí que era importante que su mente estuviera todo el tiempo llena de mensajes buenos que honraran a Dios.

Todas las noches, antes de despedirnos, ella hacía un tipo de abrazo grupal y todos orábamos juntos. A menudo, Lisa o yo orábamos para que mamá tuviera una noche tranquila y segura. Luego, antes de que termináramos de orar, mamá comenzaba a orar por nosotros, asegurándose de incluir todas nuestras necesidades, además de orar por todos los chicos, así como por todos los misioneros de África. Yo no estaba seguro si mamá disfrutaba orar por nosotros o si simplemente extendía su oración para que pudiéramos permanecer ahí más tiempo. Pero esas eran oraciones preciosas, cada una de ellas.

Siempre era difícil dejar a mamá, pero yo sabía que ella se encontraba en un buen lugar. Ella continuaba teniendo su independencia en la residencia, así como una comunidad de adultos mayores amigos y estaba feliz de poder pasar tanto tiempo con nosotros. En muchas maneras, esa era una situación ideal.

Un evento musical importante de nuestra iglesia era el congreso anual de alabanza. Pastores, músicos y líderes de alabanza de todo el país y de varios países extranjeros se reunían durante cuatro días de canto, seminarios y aliento espiritual continuos. Varios artistas conocidos compartían los conciertos vespertinos, creando una variada selección de música góspel para el público.

A mamá le encantaba la música del Christ Church Choir, fundado y dirigido por Landy Gardner (el hijo de Jolene), en el que aparecía su esposa Joy, a menudo vista en los programas de televisión *Homecoming*, de Bill y Gloria Gaither. Desde que mamá se mudó a Nashville a mediados de junio, nosotros la habíamos animado para el congreso y ella estaba entusiasmada por asistir.

Cada noche, a medida que la música iba de un ritmo animado, de júbilo gozoso a un tipo más lento y deliberado de adoración, yo miraba a mamá de reojo. Lenta, casi imperceptiblemente al principio, ella se inclinaba hacia atrás, cerraba sus ojos y levantaba las manos como expresiones de alabanza y adoración hacia el Señor. A menudo hacía algo similar durante los servicios dominicales. Al ver a mi mamá adorando a Dios tan entregada, yo pensaba: *Vale la pena haberla traído aquí solo para ver esto.*

Capítulo 13
· ·

Aceptar la realidad

A mi pesar llegué a aceptar el diagnóstico del doctor D'Amico, de manera que leí algunos materiales que él me sugirió y estudié algunos otros acerca del Alzheimer y la demencia. Por primera vez me daba cuenta de que mamá no estaba simplemente envejeciendo, ella estaba siendo afligida por una enfermedad, una dolencia de la que era probable que jamás se recuperara mientras estuviera en la Tierra. Ahora comprendía que muchas de las cosas que ella decía o hacía no eran rarezas de su personalidad, como yo pensaba, sino resultados directos de la demencia. De hecho, yo estaba asombrado de que muchas de las características que mamá mostraba, fueran similares a las de otros pacientes de Alzheimer. Aunque este nuevo conocimiento me entristeció profundamente, también me ayudó a comprender con qué estábamos lidiando y me permitió encarar mejor los cambios.

Posiblemente una de las revelaciones más significativas que recibí de la lectura al respecto, fue que la mayoría de las víctimas del Alzheimer y la demencia mueren de cinco a quince años después del diagnóstico. Mamá tenía más de ochenta años y el tiempo no estaba de nuestro lado.

Comencé a tomar notas acerca del progreso de mamá (o la regresión, dependiendo de la perspectiva que se tome). En realidad no sabía qué esperar, además de reconocer más de los signos de la demencia que había estudiado; de manera que no escribía todas las cosas que ella hacía o decía. Pero deseaba crear un registro amplio, toda clase de diarios, escribiendo las fechas y registrando el fallecimiento de mamá, guardando los recuerdos de la verdadera Minnie Abraham mientras vivía, intentando comprender y cuidar a esta nueva Minnie, la niña. Mis entradas del diario lucían así:

Veintiséis de septiembre de 2008:

Ahora ella se da cuenta de que está perdiendo la memoria; ella sabe que no puede recordar qué día es, literalmente, y eso le molesta demasiado. Pero no hay nada que hacer al respecto. La enfermera que está intentando ayudarla con la memoria no se ha dado por vencida, ella ha intentado todo y mamá todavía puede recordar qué pastillas tomar y cuándo; y el peligro de tomar mucho Coumadín, un fuerte anticoagulante, es muy duro. Ella necesita el Coumadín para evitar que se produzcan coágulos en el corazón o el cerebro, y por ende, correr el riesgo de una apoplejía severa, lo cual la incapacitaría. Su corazón está crecido y tiene arritmia, pero es una «irregularidad constante», como lo describe el médico, supuestamente el «mejor» tipo de fibrilación arterial que un anciano puede tener.

Me gustaría verla liberarse de todos esos medicamentos y ver qué sucede. Pero la advertencia de la apoplejía amenazadora me asusta. ¿Tengo fe en que el Señor la cuidará, que Él incluso la sanará? Sí, la tengo... creo. Pero, ¿deseo arriesgarlo ahora? No estoy seguro de ello.

—¿Qué día es mañana? —me preguntó mamá en el teléfono.

—Mañana es martes, mamá —yo le respondí.

—¿No es sábado?

—No, mamá; mañana es martes.

—Bien, te veo el sábado. —Lo mismo una y otra vez. Era la versión de demencia del programa «Who's on First?» [¿Quién va primero?].

Exacerbados por sus problemas de memoria, manejar los medicamentos de mamá se convirtió en un problema importante para nosotros. A ella se le olvidaba constantemente tomar sus medicamentos recetados o tomaba las dosis incorrectas, de manera que le confiscamos todos los medicamentos y los separamos en pequeños espacios diarios. No era de sorprenderse que ella no lo apreciara en absoluto.

Mamá siempre había ido al médico y a la farmacia sola. Ella tomaba sus propios medicamentos cuando se los recetaban. Sin embargo, ahora parecía que no podía recordar sus medicamentos, de manera que desde que mamá se mudó a Tennessee, Lisa y yo nos involucramos activamente en revisar de cerca sus medicamentos. Ella estaba tomando ocho pastillas al día cuando llegó y con la revisión del doctor D'Amico pudimos reducir ese número a la mitad. Aun así, ella tenía cuatro medicamentos importantes que debía tomar diariamente y era una batalla constante lograr que tomara las pastillas en la cantidad adecuada, el día correcto de la semana.

Al principio, nosotros colocamos ingenuamente los frascos llenos de pastillas en el aparador de la cocina de mamá. Después de todo, ella siempre había controlado sus propios medicamentos en el pasado. Sin embargo, pronto aprendimos la importante lección de los cuidadores de pacientes con Alzheimer y demencia: no es suficiente con revisar el medicamento. Teníamos que controlar las pastillas que mamá ingería cada día. De otra manera, ella consumiría las incorrectas, tomaría demasiadas o muy pocas.

Compramos pastilleros de plástico con siete compartimientos separados con tapa, para separar sus píldoras diarias. Mamá continuaba mezclándolas. Colocamos un calendario en su puerta, de manera que marcara las píldoras que tomaba cada día. Ella lo hizo bastante bien al principio, hasta que nos dimos cuenta que el hecho de que marcara el día, no significaba necesariamente que había tomado las píldoras. Era una batalla constante, a medida que intentábamos asegurarnos de que tomara los medicamentos correctos. La tarea era aun más difícil, porque algunas píldoras debía tomarlas en la mañana y otras en la noche. Cuando estábamos con ella, nuestras primeras preguntas siempre eran: «Mamá, ¿ya tomaste tus pastillas?».

—Desde luego que sí —decía ella.

Pero cuando revisábamos el pastillero, a menudo las pastillas continuaban ahí. Antes de dejar a mamá cada día, Lisa o yo revisábamos sus pastillas y nos asegurábamos de que las tomara frente a nosotros. Eso nos mostraba que había tomado las pastillas apropiadas por el momento, pero teníamos poca capacidad para controlar lo que tomaba una vez que saliéramos de la habitación. En una revista vimos un anuncio de un aparato utilizado para soltar las pastillas en el tiempo adecuado y en las dosis adecuadas. Casi la probamos, pero nunca lo hicimos.

También descubrimos que ya no era apropiado que dejáramos que mamá seleccionara su propia ropa. Ella nunca se vistió indecorosamente, gracias a Dios; vestir ropa conservadora, siempre permaneció engranado en su mente. Pero ella tendía a vestirse chabacano y eso la separaba de la mayoría de las mujeres de la residencia, muchas quienes venían de trasfondos adinerados y sofisticados, y continuaban teniendo el hábito de vestirse bien, utilizar joyería de aspecto costoso y aplicarse su propio maquillaje y perfume todos los días. Sin embargo, mamá se contentaba con vestir lo que sacara de su armario, a menudo resultando en un atuendo de Señorita Hurgo-donde-sea, poniéndose capas de varios estilos y ropas de colores que no combinaban.

Para que se vistiera más fácilmente, Lisa sacó todos los atuendos y los vestidos de mamá y colgó en sus armarios los pantalones y las blusas juntos, en combinaciones atractivas. No obstante, mamá mezclaba continuamente y combinaba artículos que no lucían bien juntos. De manera que Lisa tenía que hacerlos de nuevo, empatando los atuendos de mamá en conjuntos lindos. Días más tarde, sus armarios lucían como si un tornado hubiera pasado por ahí.

—¡Abue! Simplemente ponte la ropa que te hemos combinado —le imploraba Lisa—. Te verás encantadora.

—Yo sí me pongo la ropa que me colgaste.

—No, no lo haces. Combinas cuadros con rayas y anaranjado con púrpura, y todo se desordena. Ken desea que te veas bien. Te hemos comprado ropa muy linda, así que úsala como te la hemos combinado.

Un domingo en la mañana, cuando recogimos a mamá para asistir a la iglesia, ella tenía puesta una combinación escandalosa de colores. La noche anterior, Lisa, Alyssa y yo, le habíamos elegido un vestido rojo encantador y una chaqueta para que utilizara; pero a la luz del domingo por la mañana, mamá decidió que el vestido era demasiado largo, porque le llegaba debajo de las rodillas. Ella lo reemplazó con una variedad de sus viejos artículos favoritos.

—Abue, ese vestido rojo está a la moda. —Lisa intentó animarla a cambiar su atuendo.

—Ah, a mí no me importa la moda.

—No, pero a nosotros sí.

Y eso sucedía semana tras semana. Un domingo en la mañana, mamá bajó de su departamento, lista para ir a la iglesia en pantalones y zapatillas deportivas blancas. Aunque ese atuendo estaba bien durante la semana, nosotros siempre animamos a nuestras hijas a llevar vestido a la iglesia el domingo en la mañana. A pesar de sus protestas, logramos que mamá regresara y se cambiara. Alyssa la acompañó para ayudarla.

—Ya estoy cansada de esto —le reclamó a Alyssa, mientras se ponía el vestido—. ¡Tengo demasiados jefes!

Hannah Crockett y Sarah Blair, dos jóvenes cristianas encantadoras (ambas solteras en ese tiempo), habían llevado a mamá fuera de la ciudad cuando recién llegó a Nashville. Mamá amaba a Sarah y a Hannah. Cuando Hannah se comprometió, ella incluyó gentilmente una invitación para que mamá asistiera a su despedida de soltera. En la despedida, mamá llegó a la fiesta y saludó a Hannah: «Bien, ¿y ya has encontrado a un hombre?».

—Sí, abuela Minnie —respondió Hannah—. Esta es mi despedida de soltera. Tengo un prometido grandioso, llamado Clay Tate.

—Bien, eso es lindo, ¿pero ya encontraste a un tipo?

Ahora que mamá estaba viviendo cerca de nosotros, Lisa la llevaba a sus citas médicas, lo cual era casi como un trabajo de tiempo completo. Mamá le agradecía sinceramente, pero ella también podía ser bastante escandalosa con Lisa, y algunas veces decía cosas agresivas. Ella había hecho algo similar con mis cuñadas, Brenda y Sandie, cuando vivía en Florida; pero en ese tiempo, ellas no comprendían que mamá estaba hablando por la enfermedad, no necesariamente con su mente y su corazón. Como resultado, ellas se cansaron de su temperamento y finalmente terminaron poniendo barreras de protección en sus emociones.

Sin embargo, Lisa había asistido a las citas médicas de mamá y había seguido de cerca las evaluaciones de la demencia de mamá. No le era fácil sufrir sus ataques verbales, pero al menos gozaba del lujo de comprender que la Minnie verdadera había desaparecido mucho tiempo atrás. Ahora estábamos escuchando a una madre octogenaria con quien a menudo teníamos que lidiar como una niña, una niña a quien no podíamos disciplinar y cuya mente era difícil, si no imposible de cambiar.

Al estudiar más acerca del Alzheimer y la demencia, encontré que la testarudez, las quejas injustificadas, el mal genio, las exigencias desmesuradas y las sospechas excesivas e inapropiadas iban de la mano con la enfermedad. Nosotros observábamos todas esas características cada vez más en el comportamiento de mamá.

En lo respectivo a la testarudez, mamá tenía ese aspecto controlado, especialmente con respecto a sus hábitos. La limpieza es lo que le sigue a la santidad, eso nos enseñó en la infancia. Mamá nunca había sido muy maniática del trabajo doméstico ni de su apariencia personal, pero siembre había sido limpia. Sin embargo, ahora, como muchas personas que padecen demencia, ella se apartaba de la tina. Su ducha y su bañadera de la residencia estaban construidas con un escalón bajo, varias barras de apoyo y un asiento empotrado. Pero por alguna razón, mamá prefería un «baño de esponja», lavándose frente a su lavabo, fuera de la tina. Finalmente, nos dimos cuenta de que ni siquiera entraba en la ducha con asiento de su departamento. Fuera por temor a caerse o porque simplemente no recordara cómo funcionaba el cabezal de la ducha y los grifos, yo no estaba seguro.

De manera extraña, cuando ella nos visitaba, antes del comienzo de la demencia, mamá se bañaba todos los días. Ella siempre prefería bañarse en la tina, pero no le molestaba bañarse en la ducha. Hasta que llegó la demencia. Ahora parecía estar renuente a siquiera entrar en la ducha de su departamento y en particular, no deseaba lavarse el cabello.

Aunque mamá tenía un hermoso cabello ondulado, un rasgo por el cual brillaba, ella dejó de lavarse el cabello, especialmente con champú. El primer champú que le compramos tenía un olor a coco que no le gustaba a mamá. Eso es extraño, pensaba yo, a ella siempre le ha gustado el coco, porque le recordaba de las vacaciones que disfrutaba en Hawái. Le compramos una marca diferente de champú y tampoco le gustó. Finalmente, encontré un contenedor vacío de champú Redken y lo llené de un champú menos costoso. Mamá sabía que cuando vivía en casa, yo siempre había utilizado productos Redken para el cuidado del cabello y ella desarrolló una afinidad por la misma marca.

—Ah, sí, eso es perfecto —dijo cuando le di el Redken falso.

—¿Te lavaste el cabello hoy? —le preguntaba casi siempre que la visitábamos.

—Claro que sí —respondía mamá.

—¿Utilizaste champú?

—¡Ken! —ella se enfurruñaba—. Sí, utilicé champú.

Yo abría la botella de Redken y miraba el interior. Estaba llena hasta el borde. Ya fuera que mamá tampoco utilizara ese champú y pensaba que sí, o que no estaba utilizando nada en absoluto. Nosotros la animábamos repetidamente a bañarse todos los días y a utilizar champú en su cabello, ya que parecía que no se lo estaba lavando lo suficiente.

—Sí, me baño todas las mañanas —ella decía firmemente—. Y también me lavo el cabello.

—Pero abue —Lisa la reprendía suavemente—, el champú que te compramos hace varias semanas continúa lleno.

—De acuerdo, no utilizo tanto como la gente.

—No, parece como si no lo utilizaras en absoluto.

Y la discusión continuaba.

Lisa intentó una estrategia diferente. Ella le compró a mamá un atuendo nuevo y le dijo que de verdad deseaba que se lavara el cabello antes de utilizarlo. «Ken vendría a ayudarte, pero pensó que te avergonzarías», le dijo Lisa.

—Sí, probablemente —mamá respondió.

Luego de que Lisa la ayudara a bañarse y le lavara el cabello, mamá se sentó en la cómoda para secarse los pies. Volteó y dijo: «Lisa, nunca envejezcas. Yo solía escuchar a los ancianos quejarse por no poder hacer esto o aquello, y pensaba: "¿Cuál es tu problema? Supéralo", pero ahora lo comprendo».

Capítulo 14
· ·

Acusaciones injustificadas y llamadas incesantes

«Me están robando de nuevo —decía el mensaje que me dejó mamá—. Se llevaron la tarjeta que Tink me envió en Navidad y me robaron el "cambiador" (el control remoto del televisor). Tendremos que hacer algo, Ken. ¡Me están dejando vacía!».

Las acusaciones de mamá acerca de que alguien le robaba, a menudo se centraban en Beverly, una de las amas de llaves de la residencia. Normalmente, yo ignoraba las sospechas de mamá, pero cuando la gente de la residencia confirmaba que les faltaban objetos de su departamento, me preguntaba si había cierta credibilidad en las quejas de mamá. Yo le mencionaba el asunto a la directora de actividades y ella me aseguraba que muchos de los residentes estaban tan mal como mamá con respecto a las sospechas y las acusaciones falsas.

Debido a la reciente propensión de mamá a confundirse, yo siempre me mantenía al margen, intentando determinar quién tenía la razón y quién no, al lidiar con cuestiones relacionadas con las mucamas y la gente de mantenimiento de la residencia. Yo deseaba darle al personal la ventaja de la duda, al reconocer que mamá podría estar viendo cosas a través de sus gafas borrosas; sin embargo, por otro lado, ella era mi madre y yo no deseaba que la gente se aprovechara de ella o la maltratara en ninguna manera. Tampoco asumí automáticamente que simplemente porque mi mamá tuviera demencia, ella confundía los hechos. Yo estaba muy al tanto de las situaciones en que los «cuidadores» les robaban a los ancianos. Por otra parte, ya que su memoria fallaba, mamá no siempre tenía la razón.

Un día, cuando Lisa acudió a la residencia, mamá se estaba quejando con Beverly de que no había limpiado su departamento tan frecuentemente como era necesario. Mientras Beverly trabajaba en su habitación, mamá la reprendió por no darle toallas limpias.

—Ahora, Minnie, no es así —dijo Beverly amablemente—. Limpié su departamento ayer y también cambié las toallas.

—¿Lo hiciste?

—Sí, señora, lo hice. ¿No lo recuerda? Estoy comenzando a preocuparme por usted. Está olvidando las cosas.

—Bien, yo también me estoy preocupando por ti —respondió mamá sin dudar—. ¡Te está brillando una lucecita en la oreja!

—¿Perdón?

—¡Ahí! —mamá señaló la oreja de Beverly.

Beverly se tocó y se percató de lo que mamá estaba viendo. «Ah, Minnie, ese es el auricular de mi celular —dijo—. Déjeme colocárselo, le mostraré —Beverly le colocó el auricular a mamá en la oreja y entonces le dijo a su hija que le hablara a mamá en el audífono.

—Bien, me alegra que sea un teléfono —dijo mamá—, ¡porque realmente he estado preocupada por ti durante un tiempo!

Llamadas telefónicas incesantes revelaban aun más los síntomas de la demencia de mamá. Yo le pedí docenas de veces que llamara a mi casa, ya que el plan de mi celular tenía un número limitado de minutos. Pero ella me llamaba al teléfono celular de quince a veinte veces al día. Rara vez recordaba que ya había llamado.

Además, después de una cuenta telefónica considerable, nosotros cambiamos el proveedor de servicios telefónicos de mamá, para que ya no pudiera hacer llamadas de larga distancia y solo pudiera llamar a mis hermanos utilizando una tarjeta pre pagada, la cual perdió rápidamente. No hubo problema alguno. Ella recordaba cómo marcar el cero, lo cual la ponía en contacto con una operadora que la conectaba con mis hermanos, sin conocer el contexto. Cuando su siguiente cuenta telefónica mostró una enorme cantidad por «llamadas asistidas por operadora», yo me puse en contacto con la compañía telefónica y los intenté amenazar ingenuamente con demandarlos por aprovecharse de una anciana con demencia. La compañía telefónica supuestamente insertó una nota de que las llamadas asistidas por operadora no eran permitidas en el teléfono de mamá.

Eso ayudó, pero no mucho. Más tarde me di cuenta de que, aunque mamá había utilizado fácilmente una tarjeta telefónica pre pagada cuando estaba sana, ahora era demasiado para ella, a tal grado que se le dificultaba recordar qué números marcar, aunque estuvieran marcados al reverso de la tarjeta. Las instrucciones eran demasiado detalladas y había bastantes pasos para que ella procesara. A menudo me llamaba y preguntaba: «¿Tienes el número telefónico de tu hermano John? He estado intentando llamarlo toda la noche y mis llamadas no pasan».

—¿Has estado utilizando tus tarjetas telefónicas?

Tras una pausa, decía: «No...».

—Tu llamada no pasará, mamá, a menos que marques el número gratuito de la tarjeta telefónica y entonces sigas las instrucciones.

—Bien, de acuerdo, intentaré llamarlo mañana.

Yo sabía lo que eso significaba. Ella no deseaba molestarme con la tarjeta telefónica. Su incapacidad de utilizar la tarjeta reveló un nuevo elemento de la demencia con que nos estábamos encontrando ahora: a saber, los expertos sugieren que una persona con demencia puede manejar solamente un dato a la vez. En el pasado, yo podía decirle a mamá: «Simplemente marca el número 800 y cuando la operadora te responda, marca la clave y después marcas tu número». Ahora, mamá no podía recordar tantas instrucciones. «Marca el número 800», era todo lo que podía recordar. Cuando yo intentaba ayudarla a utilizar las tarjetas telefónicas para que le llamara a John o a Tink, ella se frustraba rápidamente.

—Está bien —decía—, los llamaré más tarde.

Desde luego, nunca lo hacía, a menos que fuera uno de los números gratuitos del trabajo de mis hermanos, el cual había permanecido en su mente durante años. Mis hermanos le recordaban repetidamente a mamá que no los llamara a esos números, a menos que fuera una emergencia, pero todo era una emergencia para ella. Para ser justos con mamá, ella no estaba faltándoles el respeto a mis hermanos ni a sus jefes. Esos números gratuitos eran los únicos que ella podía recordar, además del mío.

La capacidad de mamá para marcar números telefónicos decreció rápidamente ese invierno, pero ella continuaba pudiendo marcarme varias veces al día. Yo respondía cuando podía; pero cuando me encontraba trabajando, a menudo las llamadas entraban directamente a mi buzón de voz.

—Hola, Ken, soy mamá. Por favor llámame. Mi número telefónico es... —cinco meses después de recibir su nuevo número telefónico, ella continuaba recordándomelo varias veces al día—. Por favor, llámame, estoy confundida. No sé qué día es. Estoy lista para ir a la iglesia, pero parece que nadie más va a ir. Alguien me dijo que es martes y no domingo, así que no me sorprende que no hayas venido a recogerme. Por favor, llámame.

—Hola, Ken, soy mamá —ella lo grababa en mi buzón de voz y hacía una pausa. Permanecía en la línea durante algunos segundos, pero cuando yo no respondía, ella respiraba exasperada y simplemente decía «Te amo».

Cuando yo escuchaba el mensaje, me cubría el rostro con las manos y cerraba los ojos en un intento inútil de pretender que no estaba sucediendo, pero sí estaba pasando. Yo ya no podía negar la verdad. Mamá en realidad estaba «volviéndose loca», como ella lo expresaba; ella pensaba que estaba despistándose un poco cuando, de hecho, estaba perdiendo la guerra contra la demencia.

A mamá le encantaba Bob Barker, presentador del programa televisado *The Price Is Right* [Atínale al precio]. Ella lloró cuando Barker se retiró, pero llegó a apreciar a Drew Carey cuando entró como presentador al programa. Ella a menudo me llamaba cuando *Atínale al precio* iba a comenzar en Nashville, de manera que si no tenía mucho tiempo para hablar, le decía: «Mamá, tu programa ya va a comenzar».

—¿Qué programa?

—*Atínale al precio.*

—Ah, de acuerdo. Te hablo más tarde. Adiós —y se iba.

Yo colgaba el teléfono y le agradecía a Dios por Bob Barker y Drew Carey.

Un aspecto positivo del hecho que mamá perdiera la memoria era que no teníamos que preocuparnos por ofenderla, si ella se molestaba por algo, a menudo no lo recordaba al día siguiente. Ella era como un amigo que fue a recoger a su suegra anciana con demencia al aeropuerto: «¡Qué bueno que hayas venido —dijo él—, que tengas un lindo viaje de vuelta a casa!».

Capítulo 15

. . . .

¿Problemas de memoria? ¿Qué problemas de memoria?

En el comedor de la residencia, a mamá a menudo la detenía un gran recipiente de fruta que rellenaban durante todo el día, para que los residentes pudieran tomar un refrigerio de frutas, en lugar de productos llenos de azúcar. Mamá se robaba plátanos, manzanas y naranjas del comedor regularmente y las acumulaba en el refrigerador. La fruta permanecía ahí hasta que Lisa o yo llevábamos a cabo una revisión de rutina y descubríamos el refrigerador abarrotado de fruta mohosa. Acumular, lo descubrimos más tarde, es otro rasgo común que se asocia con los pacientes de demencia. Cuando mamá no comía su provisión de fruta, ella la llevaba a su departamento para evitar que continuara madurándose. Pero cuando yo le decía: «Mamá, por favor no tomes más fruta de la que vas a comer», ella se enfurruñaba y decía: «Por eso la tienen ahí. Todo mundo toma provisiones extra para el día».

—Pero mamá, ¡eso es robar!

—Eso no es robar. Por eso colocan ahí la fruta, para que la tomemos.

—De acuerdo, mamá. Pero no necesitas tomar para toda la ciudad.

La verdad es que a mi mamá ni siquiera le gustaba la fruta.

El doctor D'Amico, el médico geriatra de mamá, sugirió que visitáramos a un neurólogo, debido a que sus problemas de memoria se estaban agravando más. En su primera cita, el neurólogo saludó a mamá y a Lisa en la sala de espera.

—Y ella es mi nuera, Lisa —mamá presentó de nuevo a Lisa. Ellas se levantaron y siguieron al médico hacia la sala de examinación, donde mamá preguntó de nuevo—: ¿Ya conoció a mi nuera, Lisa? —Unos pies más hacia la sala de examinación, se sentaron y mamá volteó de nuevo con el médico—: ¿Le presenté a mi nuera, Lisa?

El médico asentía cada vez.

La primera pregunta que hizo el médico fue: «Minnie, he escuchado que está teniendo algunos problemas de memoria, ¿correcto?».

—Ah, no. Tengo una muy buena memoria —le dijo al médico—. ¡No estoy teniendo problemas de memoria!

El médico nunca mostró que pensaba lo contrario. Sin embargo, él ordenó una serie de exámenes para revisar la capacidad de mamá de recordar hechos y manejar conceptos abstractos.

Después de la examinación, mamá le dijo a Lisa: «Creo que todo mundo debería llevarse a cabo un examen de la memoria. Eso les ayudaría a recordar las cosas —entonces hizo una pausa y reconsideró—. Sé que Ken es inteligente, pero no creo que ni siquiera él hubiera aprobado el examen. ¡Estaba muy difícil!».

El médico había hecho preguntas tales como: «¿Cómo se llama el presidente? ¿Quién es su senador estadounidense?», mamá no sabía. De camino a casa (una semana antes de la elección presidencial de 2008), ella preguntó: «¿Quién *es* el presidente de Estados Unidos?». Con respecto a las preguntas del médico acerca de los senadores: «No es justo. Yo no he vivido en Tennessee durante tanto tiempo».

Del lado positivo, aunque la demencia la asediaba, mamá mantenía su sentido del humor. Después de un largo día de visitas médicas, mamá regresó a la residencia, donde una mujer residente le preguntó: «¿Cómo te fue, Minnie?».

—Bien, ¡no estoy embarazada! —ella dijo con una burla socarrona.

La mayoría de expertos en demencia sugieren que la gente que padece esta enfermedad puede recordar una historia de largo plazo, mostrándoles así a sus seres queridos que la mente continúa intacta y funcionando correctamente, pero la víctima de la demencia no puede aprender información nueva. Sin embargo, mamá rompió el molde. Durante un servicio vespertino de nuestra iglesia, el grupo de alabanza dirigió a la congregación a cantar «Revelación»[1], una canción escrita recientemente, basada en un versículo. Mamá poseía un vasto repertorio de canciones que conocía por haber tocado el piano en la iglesia durante años, pero ella no se había aprendido esa canción en particular antes. Ella la había memorizado desde que llegó a Tennessee. Cuando la congregación cantó la canción nueva en el servicio, mamá cantó a la vez, sin faltarle una estrofa. Más tarde en el coche, ella continuaba cantando la misma canción.

—Me encanta esa canción —dijo ella.

Eso muestra que los médicos no lo saben todo. Su mente, o por lo menos su espíritu, era capaz de aprender algo nuevo, si eso era importante para ella.

Al saber que a mamá no le importaba mucho el Día de Muertos, cuyo énfasis está en los diablos y los demonios, decidimos llevarla al teatro local para ver una representación del musical *¡Oliver!*, en la tarde del Día de Muertos. Inicialmente, ella estaba confundida por lo que sucedía. Al principio de la historia, sus cuidadores maltrataban a Oliver, le retorcían la oreja y lo sostenían de los cabellos mientras él se retorcía, intentando liberarse. Sentados justo al frente, a seis filas de las luces del escenario, mamá sacudió la cabeza y dijo en voz alta: «¡No creo que eso esté bien!».

—Guarda silencio, mamá —intenté explicarle en voz baja que era simplemente una obra, una historia, y que el chico solamente estaba pretendiendo sufrir.

—Ah —dijo mamá—, eso está mejor.

Lo bueno es que aparentemente los actores no escucharon y el espectáculo continuó.

A pesar de la demencia, mamá continuaba siendo muy social. Para la graduación de universidad de Megan, mamá se colocó en la puerta principal y saludó a todas las personas. Ella conocía por nombre a más de nuestros vecinos que yo. Una noche, cuando John estaba visitándonos en la ciudad, obtuvimos pases para ir detrás de bastidores al Grand Old Opry. Durante el receso, nosotros fuimos tras bastidores con las estrellas musicales Ricky Skaggs, Wynonna Judd y nuestro vecino, Lee Greenwood. Pensando que sería una buena idea presentarle a mamá a Lee, dije: «Mamá, el de allá es Lee Greenwood. ¿Sabes? ¿El tipo que canta la canción: "Dios bendiga siempre a América"?»[2].

—Ah, lo conozco —respondió mamá.

Claro que sí, pensé mientras sacudía la cabeza y dije: «Ven y saludémoslo». Guié a mamá por la multitud, hacia donde Lee y su esposa, Kim, se encontraban hablando con algunos amigos en el camerino.

—Hola, Kim, hola, Lee. Ella es mi mamá, Minnie Abraham. Ella acaba de mudarse a Nashville desde Orlando.

—Ah, hola, Minnie —dijo Lee amablemente. Entonces me miró y dijo—: Sí, conozco a Minnie. La veo paseando al perro todo el tiempo en el vecindario. Somos buenos amigos.

La desconcertante dicotamía de la demencia: no podía recordar qué día era, pero conocía a todos del vecindario.

En los primeros días de su decadencia por la demencia, nosotros observamos que mamá ya no seguía una conversación. Tampoco seguía la línea de la historia de una película o un programa de televisión. Cuando la familia se reunía para ver un programa, mamá se aburría rápidamente. Al principio, yo pensaba que simplemente no estaba interesada o que no estaba disfrutando el programa. Pero más tarde, me percaté de que su cerebro no podía procesar la trama. Era demasiada información para ella. Debido a la enfermedad, ella podía comprender las historias en secciones breves, pero ya no tanto. Prefería los programas de juegos como *La rueda de la fortuna* y siempre reconocía a Vanna White.

—Esa Vanna es tremenda —mamá me dijo docenas de veces, no necesariamente halagando a la estrella que volteaba las letras.

Cambiar el tema en lugar de discutir, es una clave para lidiar con alguien que está afectado por la demencia, de manera que yo intentaba cambiar el tema positivamente. «Sí, ella es muy linda, ¿verdad?». Yo decía como si Vanna y yo fuéramos los mejores amigos.

El tono de mamá cambiaba inmediatamente: «Ah, sí —decía—me encanta verla».

Lisa notó una diferencia en la capacidad de mamá para ayudar en la cocina, para lo cual a menudo se ofrecía. Pero ahora, hacer más de una tarea la frustraba. Podíamos decir: «Abue, por favor pela estas papas», pero era inútil decir: «Pela las papas y ponlas en la cacerola con agua, y luego en la estufa. Cuando estén cocidas, sácalas y muélelas». Mamá no podía procesar más de una instrucción y se agitaba cuando no podía recordar lo que debía de hacer. Después de que nos dimos cuenta de su dilema y descubrimos que la mayoría de las víctimas de la demencia tienen dificultades con múltiples instrucciones, nosotros le dábamos solamente una tarea a la vez. Cuando terminaba, le dábamos algo más.

Mamá disfrutaba ayudar, de manera que una vez que encontramos cómo funcionaba mejor, eso fue una bendición para nosotros.

Mamá estuvo con nosotros en el Día de Acción de Gracias de 2008, de manera que preparé un plato abundante de comida para ella. Cuando Lisa vio la cantidad de comida del plato de mamá, ella se sorprendió. «¡Caramba, la abuela Minnie debe estar disfrutando de verdad su día!». Mamá comió muy poco de la comida que le serví, pero no había problema. Ella disfrutaba estar en la mesa y escuchando todos los testimonios de amigos y familiares quienes, como normalmente lo hacíamos en el Día de Acción de Gracias, daban reportes de recientes ejemplos de la bondad de Dios en su vida. Mamá a menudo sonreía y exclamaba más de lo acostumbrado: «Aleluya», «Alabado sea el Señor» y «Gracias Jesús».

Nosotros bromeábamos al respecto, pero todos sabíamos que ella no estaría con nosotros en muchos eventos más como estos, e incluso si estaría, ella no podría recordarlos. Yo estaba determinado a hacer su vida tan feliz como fuera posible durante este tiempo de coherencia, tal como fuera.

Mamá se nos unió más tarde en la sala de estar y se sentó en el sofá con los chicos, pero a ella no le entusiasmaba estar en un ambiente lleno de voces fuertes y alborotadas, mientras jugábamos después de la cena. Ahora sabemos que a la mayoría de personas con demencia, les molestan los ruidos fuertes y demasiado alboroto; pero en ese tiempo, nosotros simplemente pensábamos que mamá estaba cansada.

La Navidad es un dilema cuando se lidia con una persona afectada por la demencia. La soledad se acentúa más durante los días feriados, de manera que nosotros nos esforzábamos por incluir a mamá en tantas actividades como fuera posible. Desde luego, ella no podía ir de compras, se cansaba demasiado muy rápidamente. Peor aun, ella deseaba comprarles algo a todos los familiares, pero sus recursos financieros eran limitados. Aunque nosotros teníamos muchos regalos para mamá, ella se deprimía porque no podía comprar para todos los demás.

Para su primera Navidad en el departamento de Tennessee, ella colocó un pequeñísimo árbol en la esquina de su sala de estar. Me entristecía siquiera ver ese patético árbol. Además, ese árbol me recordaba que, uno de esos días, mamá estaría en casa con Jesús para celebrar la Navidad. Ella no se preocuparía por conseguir un árbol perene o por no tener suficiente dinero para comprarles regalos a todos. Ese día, ella sería perene y la infinidad de regalos que ella puso en el cielo en forma de oraciones y regalos al Señor, serían generosamente recompensados. Mantener esa perspectiva me ayudaba un poco.

A mamá le encantaban los diferentes conciertos y programas que nuestra iglesia llevaba a cabo en la época de fiestas. Pero las instalaciones de la iglesia son un gran complejo y mamá tendía a perderse fácilmente en los edificios.

Después de la escuela dominical, mamá tenía que ir al sanitario inevitablemente. Al principio, nosotros esperábamos a mamá en el pasillo; pero después de quince minutos de esperar sentada en el inodoro contemplando los grandes dilemas de la vida, decidimos dejarla tomarse su tiempo.

—Mamá, ¿cómo vas? —yo le llamaba desde afuera del sanitario— ¿Necesitas ayuda? —Lidiar con un paciente de demencia hace que uno pierda completamente el orgullo y las inhibiciones.

—No, no; estoy bien.

—Bien, nos encuentras en el santuario, mamá —yo le decía—. Sabes dónde nos sentamos. —Y ella sabía dónde nos sentábamos, nos habíamos sentado en la misma zona general de la iglesia durante años, pero ella no podía recordar en qué sección de la iglesia. Así que, semana tras semana, algunas veces hasta treinta o cuarenta minutos después de que comenzara el servicio, ella entraba caminando lentamente en el santuario, llegaba al frente de la iglesia y entonces regresaba a donde nosotros estuviéramos sentados, en el balcón lateral. La gente de nuestra iglesia probablemente pensaba: «¡Esos Abraham tan malos, dejan que su madre ande así en una iglesia tan grande! ¡Qué desconsiderados!».

Algunas veces ella se encontraba con alguien en el sanitario y comenzaba a conversar. Al poco rato, ella empezaba a orar por la mujer, justo ahí en el cubículo o en el lavabo. Después de un rato, la mujer salía del sanitario, refrescada y reanimada, tanto física como espiritualmente. A menudo molestábamos a mamá diciendo que tenía un poderoso «ministerio de sanitarios».

Un domingo, mamá se durmió durante todo el sermón, lo cual no era fácil, ya que nuestro ministro era un orador lleno de energía y entusiasta; y mamá de verdad disfrutaba sus sermones cuando los escuchaba. Esa mañana en particular, yo la miré durante todo el servicio, solo para asegurarme de que estaba bien. Ella asentía frecuentemente, pero además de eso, estaba durmiendo en paz, a pesar de la enfática y ruidosa presentación del predicador.

Al terminar el mensaje, nos levantamos para cantar la canción congregacional de cierre. Mamá también se levantó. Ella me miró y dijo muy seriamente: «Fue un gran sermón, ¿no?».

Yo no sabía si estallar en lágrimas o de risa.

Semanas antes de una cita médica, mamá dijo que no se estaba sintiendo bien y que no deseaba asistir a la iglesia el domingo en la mañana. Tampoco deseaba ir al estudio bíblico del miércoles en la noche, lo cual era extraño en ella. Ese debió haber sido un signo para nosotros, pero lamentablemente, ya que todavía no nos dábamos cuenta de que la demencia se apodera lentamente del cerebro y la personalidad de la persona, no reconocimos ese cambio en el comportamiento de mamá.

Sin embargo, en la siguiente cita médica, el médico le preguntó a Lisa si podíamos identificar alguna diferencia en las acciones de mamá desde que le había recetado el nuevo medicamento que debía ayudarle a su memoria (a propósito, ninguno de los medicamentos le ayudó jamás a la memoria).

—No, no podemos identificar realmente una diferencia —Lisa le dijo al médico—. Pero no hace mucho tiempo, Minnie no deseaba asistir con nosotros a la iglesia ni en domingo ni en miércoles, y eso fue extraño en ella.

El médico miró a mamá y ella asintió. «Así no soy yo —le dijo—. ¡No soy yo en lo absoluto!».

Desde luego que sí era ella.

Capítulo 16
· ·

La senil guía a otro senil

En marzo de 2009, Lisa y yo fuimos a Cancún con nuestros hijos en las vacaciones de primavera. Dejamos que mamá cuidara a Pumpkin, nuestro dócil caniche de quince años, quien acababa de ir al veterinario la semana anterior y lo habían declarado oficialmente como senil. Ya casi estaba completamente ciego y sordo, pero continuaba siendo un caniche adorable que nos gustaba abrazar, y disfrutábamos tenerlo como parte de nuestra familia. Pudimos haberle pedido a alguien que cuidara a Pumpkin, pero pensábamos que podíamos darle a mamá la oportunidad de cuidarlo, ya que ella amaba a Pumpkin y disfrutaba sacarlo a pasear por el vecindario cuando estaba en nuestra casa.

Llevamos a Pumpkin con mamá antes de nuestro viaje e incluso hicimos un «ensayo general» de cómo lo sacaría a pasear. Le dimos instrucciones específicas de que, para evitar accidentes, ella debía mantener a Pumpkin con pañal mientras se encontraran adentro y le enfatizamos que cuando saliera del apartamento sin él, ella debía colocarlo en su casa de perros, de modo que no rascara la puerta.

Mamá aceptó y aparentemente había comprendido todo lo que dijimos. «Estaremos bien —dijo ella, abrazando a Pumpkin—. No se preocupen por nada».

Cuando regresamos, descubrimos que mamá no había mantenido con pañal a Pumpkin y tampoco lo había colocado en su casa cuando salía del departamento. ¿Los resultados? Sí, accidentes en la alfombra y una puerta que parecía como si un animal salvaje la estuviera rascando, intentando salir. Mamá se quejaba de un tirón en el cuello que había desarrollado, afirmaba, después de sacar a pasear al perro toda la semana y llevarlo arriba y abajo por las escaleras traseras de la residencia, pero dijo: «¡Todo mundo aquí lo ama!». Nosotros lo traducíamos como que a mamá le gustaba presumir a Pumpkin.

Mamá amaba a Pumpkin. Ellas entraron juntas en la senilidad.

Cuando yo saludaba a una de las amigas de mamá en la residencia, ella me preguntaba: «¿Ya se deshizo su mamá del perro?». Aparentemente los comentarios que mamá les hacía a los demás, no habían sido tan positivos como lo que ella nos había dicho a nosotros. Parecía que a mamá le encantaba jugar a la víctima casi tanto como a la estrella. Yo podía imaginarla fácilmente diciéndole a sus amigas: «Sí, ¡ellos me dejaron este perro para que lo cuidara y estoy lista para regresarlo!».

Regresé a mi oficina y descubrí que mientras no estábamos, un simple viaje de lunes a sábado, mamá me había llamado setenta y siete veces, dejando mensajes, pensando que estábamos en casa, preguntando frecuentemente: «¿Qué vas a hacer hoy?» u otras preguntas que indicaban que ella asumía que yo estaba en mi oficina trabajando, cerca del teléfono, en lugar de estar relajándome en la playa de Cancún. Por más que le dijéramos que nos iríamos toda la semana, ella pensaba que saldríamos en la tarde o posiblemente que no saldríamos en lo absoluto.

En el fin de semana de Pascua, la zona de Nashville fue severamente afectada por tornados, lo cual tuvo como resultado daños que ascendieron a millones de dólares. Un tornado devastador golpeó en Murfreesboro, a unos treinta minutos de casa. Durante las tormentas, mamá estaba viendo los pronósticos de tornado en la televisión y nos llamó agobiada para contarnos las últimas noticias. Era una alerta climática grave, pero yo estallé de risa cuando ella me dijo cuan preocupada estaba por que mi hermano llegara a salvo del trabajo a la casa. Mi hermano estaba en Florida, a casi setecientas cincuenta millas.

—Estará bien, mamá. Solo ora por él —le dije.

—Bien, lo haré —y no dudo que después de colgar el teléfono, ella haya pasado la siguiente media hora o más orando por mi hermano. Yo no sé qué haga Dios con esas oraciones, pero posiblemente mi hermano las necesitaba por alguna razón.

A menudo sentía como si estuviéramos viviendo en la película *El día de la marmota*, de Bill Murray, ya que teníamos casi las mismas conversaciones telefónicas todos los días. —Voy a bajar a cenar —decía mamá—. Solamente deseaba decírtelo en caso de que me llamaras.

—Bien, mamá; que disfrutes tu cena. Te llamo más tarde.

Tres minutos después sonaba de nuevo mi teléfono. «Hola, Ken, voy a bajar a cenar —dijo mamá—. Deseaba decírtelo en caso que intentaras llamarme».

—De acuerdo, mamá; disfruta tu cena —repetía, sin mostrarle que ya habíamos tenido la misma conversación minutos atrás. Ocasionalmente, cuando ella llamaba varias veces seguidas, yo le recordaba: «Mamá, ya me llamaste y me dijiste eso mismo».

—Ay, de verdad me estoy deschavetando —decía ella—. Lamento haberte molestado.

Un día llamó mamá y estaba convencida de que había ganado la lotería de Publishers Clearing House. Sabiendo que el lema de la lotería es: «¡Es probable que hayas ganado!», yo no estaba muy preocupado de que ella se perdiera el dinero. Yo estaba mucho más preocupado de que firmara para obtener cuatrocientos dólares en revistas que nunca leería.

—Mamá, no firmes nada hasta que yo llegue allá. Solamente coloca el aviso en tu cajón; no dejes que ninguno de tus amigos lo envíen por ti, solamente espera y yo llegaré.

Como era de esperar, en el momento en que abrí la puerta, mamá comenzó a decirme emocionada que se había ganado cuatrocientos dólares.

—No, mamá, lo siento —intenté decirle—, no ganaste nada. Solamente están intentando que compres más revistas.

—Ken —ella dijo enfurruñada— yo sé cuando he ganado algo y cuando no. Y aquí lo dice —ella aumentaba el volumen, mientras agitaba algo que parecía como la imagen amarilla de una computadora—, y soy una ganadora.

—Eres ganadora, bien, mamá; pero no has ganado dinero últimamente —dije riéndome.

Debido a que ella era presa fácil de estafas, nosotros desviamos el correo de mamá a nuestra casa y sentimos que debíamos retirarle la chequera por su propio bien, para que no comprara todo lo que veía en los publirreportajes de la televisión. Ella era especialmente susceptible a los predicadores de la televisión que ofrecían libros, chucherías u otros regalos a cambio de una donación económica, o algo gratis para incluir nombres en sus correos.

—Esos predicadores no mentirían en televisión —decía ella cuando yo intentaba explicarle.

Mamá recibía envíos de casi cada predicador que transmitía su programa en las estaciones locales y muchos de los que transmitían en la televisión en cadena. Sin duda, el Señor la bendecía por dar, pero yo me preguntaba por la identidad y la responsabilidad de los ministerios que les solicitaban a los espectadores ancianos e impactaban las emociones que podían producir donaciones de gente que ya no tenía los recursos para tomar tales decisiones.

Cuando John nos visitó en mayo, llevamos a mamá a jugar golf con nosotros. Ella no podía jugar, pero yo le permití conducir el carrito de golf. A ella le encantaba, ya que conducir el carrito era un sustituto del hecho de que ya no podía conducir un coche.

Jugamos con Bob Kernodle, un miembro del grupo de la escuela dominical quien tenía setenta y tantos años, y continuaba lleno de vida; y con Mike Briggs, quien había conocido a mamá durante años. Ni a Bob ni a Mike les importaba llevarme en otro carrito.

Mamá casi atropella a Mike cuando aparcamos los carritos en el segundo hoyo, ya que pisó el acelerador en lugar del freno. Como siempre, nos reímos y Mike reprendió amablemente a mamá: «Oye, Minnie, ¿estás intentando mejorar mi vida de oración?». Nunca se nos ocurrió que su cerebro ya no podía diferenciar entre pedales, mucho menos enviarles señales a sus pies para manipularlos.

Aquel día más tarde, mamá se recargó sobre el carrito de golf y me dijo discretamente: «Ken, necesito hacer pis».

—Ay, no, mamá. Ahora no. Estamos en medio del campo de golf. ¿No puedes esperarte? Ya casi terminamos y te llevaré a la casa de club, para que puedas utilizar el sanitario ahí.

—No, necesito ir. Necesito ir ahora o me voy a hacer pis en mis pantalones.

—De acuerdo, mamá —dije suspirando—. Hay algunos otros jugadores detrás de nosotros, déjame dar el golpe inicial y te llevaré en el carrito hasta el sanitario del hoyo cuatro.

—Ah, no te preocupes, yo puedo encontrarlo —ella me aseguró.

—Bien, solo quédate en la carretera directo de donde llegamos y corre hacia el sanitario.

—No hay problema —gritó mientras pisaba el pedal y el carrito de golf se tambaleaba hacia delante—. No te preocupes, estaré bien.

Yo golpeé la pelota y, pensando todavía en mamá, quien iba conduciendo hacia el sanitario, lancé la pelota abruptamente hacia la hierba del pantano, para no verla de nuevo.

Miré hacia atrás, intentando identificar a mamá en algún punto del camino, pero ya no podía verla. «Ay, no —dije en voz alta—. ¿A dónde se fue?».

—La música disco regresará antes de que encuentres la pelota —Bob dijo bromeando.

—No estoy preocupado por la pelota —dije, mirando hacia la carretera—. Estoy buscando a mamá. ¿A dónde se fue?

Justo entonces, vi un carrito de golf que se aproximaba por la loma, moviéndose rápidamente hacia otra carretera, justo en la línea de fuego para quien estuviera sacando en esa dirección. El carrito se dirigió a toda velocidad por varias curvas en la carretera y finalmente chocó con una serie de árboles, hacia nuestra carretera, y mamá estaba sosteniendo el volante por su vida. Ella viró hacia nosotros, enviando a los golfistas por varias direcciones. Segundos antes golpear directo a otro carrito en la carretera, su pie pisó el freno (aunque posiblemente su pie debió haber estado en el freno todo el tiempo, pero su cerebro simplemente olvidó por qué), y frenó abruptamente justo frente a nosotros. El rostro de mamá brillaba de sudor y su expresión era de puro terror. «¿En dónde han estado? —ella dijo—. ¡No podía encontrarlos por ningún lado!».

—Hemos estado aquí, mamá. El sanitario está justo allá —dije, señalando hacia el edificio de cemento entre los árboles, a menos de cincuenta yardas—. ¿A dónde fuiste tú?

—No lo sé —respondió tristemente—. Creí que estaba en el camino correcto.

Todavía no comprendíamos que la demencia provocaba que mamá se desorientara fácilmente. Ella estaba perdida, pero nosotros éramos quienes no tenían idea.

Capítulo 17

· ·

Una moneda de dos caras

En mayo, mamá asistió a la ceremonia de graduación de preparatoria de Alyssa, la cual comenzó con un servicio dominical matutino en la iglesia, en el que los graduados fueron honrados; y luego nos dirigimos a la ceremonia oficial, seguida de una exquisita cena con familiares y amigos. Al final de la velada, mientras nos despedíamos, mamá miró a Alyssa y dijo: «Fue una linda fiesta. Feliz cumpleaños, querida».

Alyssa y yo nos miramos y nos encogimos de hombros (su cumpleaños había sido en noviembre). Ambos sonreímos. A pesar de todas sus fallas de memoria, mamá continuaba siendo la «Abuela Minnie» y todos apreciamos tenerla con nosotros en esa celebración especial.

Veinticinco de mayo de 2009:

Hoy nos estamos mudando a mamá a una habitación más pequeña de la residencia. Ella ya se cambió de una casa a un departamento de dos habitaciones en el pasado... ahora se está mudando a un estudio con espacio suficiente para una cama, un sofá y posiblemente una mesa y algunas sillas. Es un movimiento deprimente, pero debido a un aumento en las tarifas de la residencia, ya no podíamos costear que mamá permaneciera en un departamento más grande. El estudio proporciona seguridad pero con mucho menos espacio. Recientemente aprendimos que el desorden provoca exceso de estimulación en las víctimas de la demencia, de manera que posiblemente tener menos cosas será una moneda de dos caras para mamá. El cambio le será difícil al principio y estoy seguro de que se equivocará de departamento muchas veces después de la mudanza, intentando que sus llaves funcionen con esa puerta... pero es para mejor. Por lo menos, ella puede continuar viviendo ahí... junto con otros ancianos que no necesitan asistencia.

Después de haber pasado un día y medio mudando a mamá de un departamento a otro y redecorando las paredes de la misma manera que en el otro departamento, todo con la imagen de Jesús sobre su cama, ella me llamó repetidamente, invitándome a su nueva casa. «¿Cuándo vas a venir a visitarme? —ella preguntaba—. Estoy en un departamento nuevo, derecho por el pasillo. Es pequeño, pero es lindo».

—Sí, ya sé, mamá. Lisa y las chicas te ayudaron a cambiarte, ¿lo recuerdas?

—Ah, sí, lo recuerdo ahora —suspiraba—. Mi cerebro ya no es bueno para nada.

—No hay problema, mamá —cambié rápidamente el tema.

Cuando Lisa pasó a revisar a mamá, ella se sorprendió al ver que había quitado la placa de identificación de su puerta.

—Sé que reemplazaste la placa de identificación desde la última vez que estuve ahí —Lisa le dijo—. Abuela Minnie, ¿dónde está la placa nueva de tu puerta principal? —ella preguntó—. Acabo de poner una nueva el otro día.

—La quité —respondió mamá francamente.

—¿Por qué?

—No quiero que me encuentren —dijo mamá discretamente.

—¿Quién? ¿Tus amigos?

—No, mis amigos saben dónde encontrarme. Me refiero a los otros.

La manera en que mamá decía «los otros» sonaba como si hubiera visto muchos episodios de la serie televisiva *Perdidos* (desde luego, mamá nunca había visto esa serie).

—Bien, he reemplazado de nuevo tu placa —dijo Lisa—. ¿Quieres que la quite?

—No —dijo mamá, suspirando—, ellos me encontrarán de todas formas.

Mamá estaba perdiendo la memoria a corto plazo y actuando más extrañamente que como de costumbre, pero al menos se estaba comportando. Algunos de sus amigos de la residencia estaban cayendo en libertinaje, si podemos llamar de esa manera a cuando los participantes ya no recuerdan mucho.

Althea, por ejemplo, había sido una mujer santa toda su vida. Cuando era más joven, ella asistía a una iglesia cristiana conservadora y era una potente defensora de la moralidad y la abstinencia sexual entre los adolescentes de la iglesia. Ahora, a los ochenta y tantos años de edad, ella padecía de demencia severa. Todavía podía moverse por sí sola, pero su mente decaía más cada mes.

Cuando Harold, otro octogenario, se mudó al departamento contiguo, él y Altea se hicieron amigos. Ellos comían juntos en el comedor y se sentaban afuera en el columpio de Altea en las tardes. Todo era muy platónico. Entonces un día, uno de los asistentes entró para limpiar el departamento de Altea y los encontró a ella y a Harold desnudos de la cintura para abajo. Aparentemente, ¡a pesar de su demencia no lo habían olvidado todo!

Más tarde supimos que tales deslices morales no eran extraños en los pacientes con demencia. No era que de pronto se volvieran máquinas sexuales promiscuas cuando sus filtros morales disminuían o desaparecían por completo, de manera que no existiera una base alguna para discernir lo bueno de lo malo. «Se siente bien, hazlo», era más que un eslogan para ellos. Aunque lo encontráramos incómodo y de alguna suerte extraño, nos dimos cuenta de que no podíamos juzgar las acciones de hombres y mujeres cuyos límites morales habían sido destruidos por los mismos estándares con los que nos podemos juzgar a nosotros mismos.

Afortunadamente, mamá rechazaba todas aquellas tentaciones. Incluso se ponía nerviosa cuando Elliot, un caballero pulcramente vestido de noventa y tantos años, se sentaba con ella y con Jolene en la cena. Elliot había sido un científico atómico de Alemania antes de la Segunda Guerra Mundial. Estados Unidos le ofreció asilo para que pudiera dirigirse allá, pero parte de los requerimientos eran que estuviera casado. Elliot se casó con una chica a la que le presentaron horas antes de subirse al avión, pero ellos aprendieron a amarse y permanecieron casados durante cincuenta años, hasta que ella falleció. Elliot ahora vivía solo en la residencia. Siendo un hombre sofisticado y muy inteligente, a él le encantaba estar con mamá. Él disfrutaba su entusiasmo y, sobre todo, estaba intrigado por su fe indomable.

Yo apreciaba que Elliot fuera tan amable y respetuoso con mamá. Yo sabía que a mamá también le gustaba, aunque ella nunca lo admitiera. Ella consideraba que sentir algo por otro hombre era una traición al amor que le tuvo a papá, quien había muerto una década antes. Nosotros animábamos a mamá a tener amigos hombres y a ella le gustaban sus atenciones, ¡pero ninguno de ellos le iba a quitar la ropa!

Una mujer que les proporcionaba asistencia a los residentes del lugar, me decía todo el rato: «Su mamá necesita alguien que camine con ella. Se tambalea cuando camina por los pasillos».

—Ah, ella está bien —yo respondí—. Siempre ha caminado así.

—No, se está moviendo con mucho más cuidado —la mujer me advirtió—. Ella tiene el riesgo de caerse.

Yo pensé que la mujer simplemente estaba intentando vender sus servicios, pero sus comentarios me preocuparon, de modo que en la siguiente cita de mamá, Lisa le preguntó al médico si pensaba que mamá necesitara alguien que la ayudara a caminar. «No, hasta que sea absolutamente necesario —dijo—. Mientras pueda caminar con seguridad por sí sola, yo no le contrataría una persona».

Caminar con seguridad. Esa era la pregunta: ¿Durante cuánto tiempo podría continuar caminando con seguridad por sí sola? Yo deseaba que ella se ejercitara un poco y caminar desde su habitación hasta el elevador me aseguraba que podía caminar por lo menos unas cien yardas al día. A la vez, yo no deseaba arriesgarla a caerse y lastimarse. *Posiblemente pronto consideremos contratar a una persona que la ayude a caminar*, pensé.

Mamá creía y afirmaba: «"La oración cambia las cosas", ¡tal como dice la Biblia!» (de hecho, esa afirmación no se encuentra en la Biblia, aunque la mayoría de nosotros crea esa verdad).

Cuando intentaba corregir a mamá, ella argumentaba: «¡Ay, ya sabes a qué me refiero!».

En los asuntos espirituales, mamá no siempre lo decía bien, pero ella nunca se equivocaba. Por ejemplo, durante mis años de adolescencia, mamá se oponía a los predicadores que deseaban dar educación sexual en las clases a los jóvenes de nuestra iglesia. Con las manos en la cintura, mamá declaraba: «No deseo que mis hijos estudien de sexualidad. ¡Deseo que mis hijos aprendan por la experiencia!».

Gracias, mamá. Nosotros comprendíamos que ella se refería a la experiencia en el matrimonio, pero muchos amigos no lo entendían así.

Mamá también era una defensora de la ropa interior limpia. «En caso de que tengas un accidente», ella enfatizaba. Creo que mamá pensaba que no importaba cuan ensangrentada o quebrantada estuviera una persona cuando la llevaban a una sala de emergencias, los médicos y las enfermeras estaban más preocupados por la condición de su ropa interior.

Lamentablemente, cuando ella abordaba una ambulancia hacia el hospital, ensuciaba su ropa interior y todo lo demás.

Capítulo 18

. . . .

El momento en que todo cambió

A finales de 2009, John y Sandie fueron a visitarnos. Debido a que llevaron a sus dos perros, ellos decidieron hospedarse en el hotel Embassy Suites, en lugar de quedarse en nuestra casa. Además, John sabía cuánto le gustaba el agua a mamá y el hotel tenía una piscina. Un día, John recogió a mamá y la llevó al hotel para que pudiera pasar tiempo con él relajándose en la piscina y en el jacuzzi.

Ellos se divirtieron mucho, hasta que mamá intentó salir del jacuzzi. Sus piernas se colapsaron y ella se cayó al agua. Los infaustos comerciales que anunciaban: «¡Me caí y no puedo levantarme!», se convirtieron en una escena demasiado real.

Necesitaron de la fuerza de John y de otros tres huéspedes del hotel que se encontraban cerca del jacuzzi, para sacar a mamá del agua. Posiblemente, haber permanecido durante tanto tiempo en el agua caliente había afectado el corazón de mamá o tal vez había provocado otro mini ataque, y de no haber sido por John y los demás, ella pudo haberse hundido.

El día posterior a que mi familia regresara de las vacaciones, el viernes 31 de julio, yo estaba ocupado regresando llamadas, respondiendo correos electrónicos y poniéndome al corriente. A alrededor de las 11:00 a.m., le llamé a mamá, sorprendido de no haber escuchado de ella aún.

El teléfono de mamá sonó, pero ella no respondió. Yo no me alarmé, pensando: *De acuerdo* Atínale al precio *se termina a las once, así que posiblemente ella fue a almorzar temprano.* Aunque el almuerzo no se servía sino hasta el mediodía, mamá a menudo se encontraba con Jolene antes de ir al comedor. Yo no pensaba que fuera inusual que ella no respondiera el teléfono.

Para las dos de la tarde ya me comenzaba a preocupar. Mamá no estaba respondiendo y normalmente era a esa hora cuando ella me llamaba. Pero no ese día. Me sumergí en el trabajo y no pensé mucho en mamá hasta casi las seis de la tarde, cuando Lisa preguntó: «¿Has sabido de tu madre hoy?».

—Hasta ahora lo pienso, no —le dije.

—¿En lo absoluto? ¿Ella no te llamó?

—No, ni una sola vez.

Lisa me miró sorprendida. Ella sabía que la rutina de mamá era llamarme doce veces o más al día. «¿Y tú no la has llamado?».

—La llamé como cinco o seis veces, pero nunca respondió.

—Será mejor que vayamos a verla —Lisa llamó al número de mamá una vez más. Al ver que no respondía, ella le llamó a Jolene, la amiga de mamá.

—Señora Jolene, ¿sabe usted si Minnie ha bajado a comer hoy?

La memoria a corto plazo de Jolene era casi tan mala como la de mamá, pero ella estaba segura de que no la había visto en ninguna de las comidas ese día. «Iré a ver cómo se encuentra». Lisa le agradeció a Jolene y más tarde llamó a la oficina de la residencia. Respondió Phyllis, una de los subgerentes, y Lisa le preguntó si había visto a mamá.

—Ahora que lo pienso, no —dijo Phyllis—. No he visto a Minnie en todo el día. Eso es extraño. Iré rápidamente a revisarla.

—De acuerdo, por favor llámenos para decirnos qué sucede, ¿sí?

—Desde luego.

Esperamos unos minutos la llamada de Phyllis. Mientras tanto, casi instintivamente, Lisa comenzó a coger la identificación de mamá, su tarjeta de la seguridad social y varias tarjetas de seguro médico. Pasaron cinco minutos y no recibíamos la llamada de Phyllis.

—Vayamos a la residencia —dije—. Si todo está bien, le decimos que solo pasamos a saludarla. —Para entonces, Lisa ya se estaba dirigiendo hacia la puerta.

Cuando llegamos a la residencia, Phyllis se acercó corriendo hacia nosotros. Ella se dio la media vuelta y caminó con nosotros hacia el edificio, explicando rápidamente que mamá se había caído y aparentemente había permanecido todo el día en el suelo sobre su propia orina y excremento. Phyllis había subido para revisarla y la había encontrado en el suelo desnuda, con la ropa interior cerca, como si mamá hubiera estado intentando vestirse. Su rodilla estaba gravemente lastimada y sangrando ligeramente; pero además de eso, parecía que no estaba herida, una preocupación seria, ya que entre los medicamentos diarios de mamá había el anticoagulante Coumadín. Ella no podía levantarse por sí sola, de manera que la jalaron hasta la cama y Phyllis la cubrió con un camisón que encontró en el ropero de mamá. Para cuando llegamos, Phyllis ya había llamado al 9-1-1 y una ambulancia estaba en camino. Lisa y ella y yo nos apresuramos al elevador para subir al tercer piso.

Lisa corrió por todo el pasillo, yo caminé tan rápido como pude y Phyllis nos siguió, mientras yo la llamaba mirando hacia atrás. La puerta de la habitación de mamá estaba completamente abierta, de manera que pudimos entrar rápidamente. La habitación se sentía como un horno. Sabina, una de las mujeres que asistía a las damas de la residencia se estaba ocupando de mi madre en la cama. Sabina había abierto la puerta trasera y prendido el aire acondicionado, para que entrara un poco de aire en la habitación. Me turbó ver a mi mamá desaliñada e impotente en la cama; no obstante, intenté no mostrar mis emociones. Necesitaba animarla. Parecía que ella me reconocía.

—Mamá, ¿qué sucedió? ¿Te encuentras bien? ¿Te duele algo? —le hice una pregunta tras otra, violando lo que yo sabía acerca de la demencia: que las víctimas de demencia solo pueden manejar una pregunta o un dato a la vez.

—Estoy bien —ella respondió débilmente—, solamente me caí contra el aparato de aire acondicionado y no pude levantarme. Me alegra tanto que estés aquí.

Para entonces, los paramédicos también estaban ahí, arrastrando una camilla hacia la abarrotada habitación de mamá.

Su departamento tenía tres cuerdas de emergencia: una en el baño, otra en la sala de estar y otra cerca de la cama. Irónicamente, mamá se había caído o arrastrado hacia el centro de la habitación. Ella se encontraba a tan solo unos pies de la cuerda de seguridad y probablemente más cerca de su teléfono. Sin embargo, ella no jaló el cordón de seguridad ni intentó llamar a nadie. Tampoco respondió su teléfono cuando yo la llamé durante el día. Ella permaneció recostada en el suelo todo el tiempo, posiblemente de nueve a doce horas. Durante ese tiempo, no pudo levantarse ni llegar al baño, de manera que sus intestinos y su vejiga finalmente hicieron lo que es natural. Yo nunca supe por qué o cómo había prendido el calentador al máximo en julio.

Más tarde en el hospital, cuestioné a mamá, pero sus respuestas no eran lógicas. «¿Por qué no jalaste los cordones de emergencia de tu habitación?», inquirí.

—No pude recordar para qué servían —ella respondió.

—¿No escuchaste que te llamé por teléfono? —insistí.

—Sí, ese teléfono sonó sin parar todo el día, pero no pude responderlo.

—¿Llamaste por ayuda?

—No —dijo—. Alguien estuvo llamando a mi puerta más temprano.

—Posiblemente era uno de tus amigos —sugirió Lisa—. ¿Por qué no gritaste y les pediste que te ayudaran?

—Ah, no creo que hubieran podido manejar la situación mejor que yo —respondió ella.

Capítulo 19

. . . .

Un recordatorio estremecedor

El médico geriatra de mamá no tenía autorización para trabajar en el hospital al que mamá había sido llevada en la ambulancia, de manera que una vez que salió de la sala de emergencias trasladaron a mamá a "atención crítica" y la revisó el médico de atención hospitalaria, un médico a quien le asignaron el caso, como cuando a un abogado le asignan casos en el que el acusado no cuenta con representación jurídica. A nosotros no nos gustaba ese tipo de cuidado, pero en ese momento estábamos agradecidos por cualquiera que pudiera ayudar a mamá.

Sin embargo, una desventaja importante para el médico de atención hospitalaria era que tenía que conseguir y averiguar información básica acerca de la condición de mamá, información que el médico geriatra ya conocía. Eso, aunado al hecho de que nosotros no pudimos visitar seguido su habitación hasta casi la medianoche, después de un largo y traumático día, hizo que su nivel de cooperación y la probabilidad de tener información precisa fueran muy poco óptimos. Él la bombardeó con una plétora de preguntas durante casi una hora, y mamá soportó cada una de ellas con paciencia. Finalmente, el médico se sentó en su silla y cruzó los brazos.

—Bien, Minnie, te he estado haciendo muchas preguntas. ¿Tú tienes preguntas para mí?

—Sí —respondió mamá sin dudar—. ¿Es usted cristiano?

—No, no lo soy —respondió el médico—. De hecho, soy judío.

—Eso está bien —dijo mamá—. Dios ama al pueblo judío también.

—Intenté leer el Antiguo Testamento una vez —dijo el médico—, pero cuando llegué a Moisés, se estaba tornando muy violento y tuve que dejarlo. Y nunca lo he retomado.

—Bien, continúe leyendo —mamá lo animó—, le va a gustar.

—¿Le gustaría que me hiciera cristiano? —sondeó el médico.

—Sí, me gustaría —respondió mamá.

—¿Por qué?

—Para que pueda irse al cielo con Jesús.

Fue una escena extraña: el médico estaba intentando determinar si mamá podía comprender conceptos abstractos y mi mamá estaba intentando animar al médico a confiar en Jesús. Eso era muy "de mamá". Así era ella, todo lo demás carecía de importancia. Lo que realmente le importaba era la relación de la persona con Jesús.

El médico me hizo señas de que lo acompañara afuera del cuarto de mamá. Mirando el portapapeles a través de sus gafas, él me preguntó: «¿Alguien de su familia tiene historial de demencia?».

—Solamente mi mamá —respondí alegremente.

—¿Su madre padece de demencia? —inquirió el médico—. ¿Lo sabe?

—Ah, sí. ¿Usted no? —yo no podía creer que ese médico había interrogado a mi madre ya exhausta durante más de una hora, intentando construir un diagnóstico de lo que nosotros ya sabíamos. A mí me dio mala espina que este sujeto la tratara, pero fue una buena lección. Yo no podía asumir que los profesionales médicos que atendían a mamá estuvieran informados de que ella padecía de demencia. Yo tenía que decirles.

A la mañana siguiente, cuando visité a mamá en el hospital, ella parecía tener más fuerza, pero todavía no podía ponerse de pie. Un terapeuta físico se encontraba trabajando con ella cuando llegué, pero ella no había progresado mucho. Ya que la demencia es ligeramente distinta del Alzheimer, debido a que es un proceso «en reversa», en lugar de ser una caída directa, era lógico que este último accidente hubiera reducido varios niveles la habilidad de mamá para funcionar normalmente. Yo sabía que los pacientes de demencia rara vez «escalan» de nuevo hacia arriba, pero todavía esperaba que mamá tuviera un repunte y se recuperara por lo menos al punto en que se encontraba en la residencia.

Más tarde en la noche, me detuve en el hospital y encontré dormida a mamá. Mirándola mientras dormía en su cama de hospital, yo pensé: *¿Qué debí haber aprendido de esta mujer? ¿Y lo aprendí adecuadamente para trasmitírselos a mis propios hijos? ¿Comprendí las lecciones, las razones por las que fui hijo de Minnie Abraham, no Minnie Alguien Más?*

La gente decía que mamá y yo nos parecíamos mucho. A menudo, cuando alguien mencionaba la similitud de nuestra apariencia en presencia de mamá, yo bromeaba: «Bien, no es tan bueno para ninguno de los dos, ¿o sí?». Mamá sonreía a sabiendas. Yo sabía que ella estaba orgullosa de mí y yo estaba orgulloso de ser su hijo. No obstante, durante casi toda mi vida antes de la muerte de mi papá, nosotros rara vez expresamos amor en mi familia. Simplemente se sobreentendía que nos amábamos mutuamente. Éramos especialmente malos para expresar «el amor a los cuatro vientos». De manera irónica, después de que papá falleció, todos nos abrimos a verbalizar las palabras *te amo*.

Yo me perdí de muchas oportunidades en que podía decirle a mi mamá que la amaba. Mientras miraba a la diminuta mujer en la cama de hospital, me incliné, para no perderme otra oportunidad.

Capítulo 20

. . . .

El mundo de la rehabilitación

Si nunca has entrado en el inusual mundo de un centro de rehabilitación, te estás perdiendo de algo. «El mundo de la rehabilitación» es una existencia surrealista donde algunas personas entran y salen restauradas, mientras que otros entran para no salir jamás.

El hospital retuvo a mamá durante cinco días antes de darla de alta. Ya no tenían razón alguna para mantenerla ahí, ya que estaba caminando con ayuda, su rodilla estaba bien vendada y ya no representaba ningún problema. Parecía que estaba suficientemente firme para practicar caminar sola y, con esperanza, regresar a la «normalidad».

En lugar de permitirle a mamá regresar a la residencia, el médico del hospital me animó a buscar algún lugar de rehabilitación para ella. Dichosamente pude asegurar su admisión en el centro de salud NHC, un centro de rehabilitación relativamente nuevo e impresionantemente amueblado, el cual estaba literalmente a unos pasos de distancia de la residencia de mamá. Firmé los papeles de admisión y esperé que la ambulancia la trasladara. Para cuando terminé de firmar el papeleo, los paramédicos ya estaban llevando a mamá por el pasillo en una camilla hacia su nueva habitación, la cual era similar al cuarto de hospital, pero más elegante. Aunque entonces no había manera de saberlo, este era un momento crítico, ¡ya que básicamente estábamos acordando dejar a mamá en las instalaciones que costaban más de $6.000 dólares al mes! Ella tenía un buen seguro, así como un seguro médico y una póliza complementaria de la Cruz Azul para cubrir sus medicamentos y los gastos adicionales, si permanecía durante más de diez días en el lugar; pero incluso con la cobertura de su seguro, si mamá permanecería más tiempo, no tendríamos dinero para pagar una fuerte suma de dinero. Esa era la parte difícil. Yo no tenía idea de cuánto tiempo permanecería ahí, pero esperaba que solamente necesitara algunos días de terapia física.

En el centro NHC, dos pacientes compartían un cuarto; la compañera de cuarto de mamá había sido sometida a una cirugía de reemplazo de cadera y estaba esperando volver a casa pronto. Ella era lo suficientemente amable, pero yo sabía que mamá y ella no iban a ser las mejores amigas. *Está bien*, pensé. *Mamá no estará aquí durante tanto tiempo.*

El 6 de agosto, mamá comenzó su terapia en el centro NHC. En las instalaciones había todo un cuerpo de terapeutas físicos, entre ellos Nathan, un joven bien parecido, asignado para trabajar con mamá. Nathan le ayudaba a mamá a ejercitarse mientras Lisa y yo mirábamos, forzándonos a no brincar para ayudarla. Nosotros sabíamos que ella tenía que volver a aprender a caminar sola.

Nathan dijo: «Ahora, Minnie, vamos a marchar un poco».

—De acuerdo —dijo mamá. Ella puso los ojos en blanco como diciendo: «Qué tonto».

El terapeuta dijo: «Veo que está poniendo los ojos en blanco, señora Minnie. Ahora, vamos, marchemos».

Ella marchó, moviendo su pie de arriba hacia abajo y siempre de mala gana.

El centro tenía un piano en la esquina del edificio, de manera que después de que mamá y Nathan acabaron, yo utilicé el piano como un incentivo para que mamá caminara por todo el pasillo.

—Es un hermoso piano negro de cola —le dije—. Te va a encantar.

Ella caminó hasta cansarse, luego, rápidamente la transferí de la caminadora a una silla de ruedas. La empujé la distancia restante hacia el piano y la coloqué frente a él, para que pudiera tocar. Estando sentada en la silla de ruedas, sus pies apenas podían alcanzar los pedales y sus débiles yemas de los dedos comenzaron a elegir una canción. Había un himnario bautista en el piano, de manera que encontramos canciones que mamá conocía y las tocó todas. Ella simplemente preguntó: «¿En qué tono está?».

—Si bemol mayor —respondí yo, mirando la partitura. Y ella comenzó a tocar la canción. Cantamos himnos durante casi una hora, mamá no leyó la partitura, sino las tocó de memoria. Una enfermera me había dicho que esa música y en especial la música profunda y de estilo espiritual permanece en la mente, y es el último elemento que desaparece en muchos pacientes de demencia. Por más fascinante que fuera pensar en esa premisa, yo estaba convencido de que la música fluía del corazón de mamá.

El doctor D'Amico fue a revisar a mamá la primera noche en que estuvo en el centro de rehabilitación. Ella se había estado quejando de dolores de espalda; pero peor aun, ella estaba convencida de que el picaporte de su ropero se estaba moviendo. Se lo dijo al médico durante su visita. El médico me miró y arqueó las cejas. Yo recordé nuestra primera reunión, cuando el doctor D'Amico me había dicho que mamá no mejoraría. Ahora sus palabras parecían ser proféticas.

Fuera del cuarto de mamá, él y yo hablamos de su condición, además de su temor ante los ruidos del pasillo, el picaporte que se movía y otros síntomas desconcertantes. Ella debió haber estado alucinando debido a la demencia, pero deducíamos que esas alucinaciones podían ser el efecto secundario del Dilantín (también conocido como fenitoína), un fuerte anticonvulsivo que estaba recibiendo.

Sin importar si sus miedos eran reales o imaginarios, resultaba difícil escuchar sus ruegos lastimeros.

—Ken, llévame a casa. No quiero permanecer aquí —ella gimió—. Por favor, tengo miedo. Ese picaporte continúa moviéndose toda la noche.

—Deseo llevarte a casa, mamá —yo le dije—, pero no puedo llevarte hasta que puedas caminar sola, ir al baño y cuidarte a ti misma —Yo no mencioné el picaporte que se movía.

—Puedo hacerlo.

—De acuerdo, muéstrame.

Mamá intentó mover las piernas, pero no podía llevarlas al otro lado de la cama.

—¿Ves a qué me refiero? Necesito que te comas tu comida y bebas mucha agua para que tengas fuerzas. Y cuando camines muy bien, me encantará llevarte a casa.

—Puedo caminar —dijo ella.

—Yo lo sé, mamá.

Con mi ayuda, mamá pudo subir a la silla de ruedas y entonces la empujé por el pasillo hacia el cuarto de tentempié, donde un aviario cerrado lucía muchas aves de colores brillantes. Mamá estaba fascinada con las aves y disfrutaba localizar a cada una de ellas detrás del vidrio. Yo detestaba verla en esa silla de ruedas, pero por lo menos, la silla me permitía sacarla del cuarto para cambiar de escenario.

Las semanas transcurrieron y mamá todavía continuaba en el centro de rehabilitación. Yo esperaba que cualquier día, ella pudiera regresar a la residencia, pero los trabajadores del centro no ofrecían mucha esperanza. Más bien lo contrario. Durante nuestra primera reunión de «progreso», uno de los miembros del personal preguntó: «¿A dónde planea llevar a Minnie cuando se marche de aquí?».

—¿Por qué? A casa, desde luego —respondí—. ¿A dónde más?

El grupo que se encontraba en la sala de conferencias se miró mutuamente como si esperaran que alguien más respondiera la pregunta. Finalmente habló la enfermera. «Bien, es posible que deba comenzar a investigar otras opciones».

—¿Otras opciones? —yo no deseaba explorar otras opciones. Yo deseaba llevarme a mi mamá a casa y volver a la normalidad, cualquiera que esta fuera.

Capítulo 21

. . . .

La unidad de memoria

A las cuatro semanas de comenzada su rehabilitación, mamá continuaba en el NHC y su progreso se había estancado. La trabajadora social del NHC me dejó un mensaje de voz en el correo pidiéndome que nos reuniéramos. Acudí a su oficina al día siguiente, antes de visitar a mamá. La trabajadora social era una joven amable que parecía tener veintitantos años, y sin embargo daba una impresión distinta, como si estuviera más preocupada por su empleo que por mamá. Ella me saludó con cordialidad e inmediatamente volteó hacia sus documentos.

—La señora Abraham está progresando mucho —dijo ella— y ahora puede caminar aproximadamente ochenta pasos con la ayuda de un caminador —la joven continuó leyendo sus documentos mientras me hablaba—. Ahora ella califica para ser trasladada a cuidados especializados en la unidad de memoria.

—Eso es genial —respondí, genuinamente animado.

La trabajadora social del NHC presentó este cambio como si fuera un paso hacia arriba, que mamá «calificaba» para el traslado. Yo pensé que era algo bueno. No comprendía cuan terrible sería colocar a mamá en la unidad de memoria.

La unidad de memoria del centro NHC era una zona separada, sellada detrás de un vidrio de observación, a puerta cerrada. Muchos de los residentes casi incoherentes de la unidad tenían miradas desgarradoras. Un hombre estaba tan inclinado en su silla de ruedas que sus nudillos casi rozaban el suelo. Otro hombre se había arrodillado sobre una mesa, con su rostro hundido en una pila de revistas, aparentemente se había quedado dormido mientras leía. Una mujer estaba sentada en el comedor, cantando y jugando con la comida, como una niña de dos años. Con la cabeza colgaba hasta tocarse el pecho con la barbilla, muchos otros pacientes dormían mientras permanecían sentados en sus sillas. A pesar de las paredes recién pintadas, el suelo alfombrado y la decoración moderna, la unidad de memoria hedía fuertemente a orinas.

Tan pronto como entramos en la unidad, vimos a una mujer anciana sentada en una silla de ruedas, sosteniendo a un bebé de juguete en el pecho. *Ay, Dios*, pensé. *Esa buena mujer está sosteniendo al muñeco como si estuviera cuidando a un bebé de verdad.* Miré el cuarto y observé varias ancianas que sostenían bebés de juguete también. Yo imaginé que eran muñecos utilizados para algún tipo de terapia.

Mamá también se percató de las mujeres con los bebés. Ella reconoció que, aunque le faltaba algún clavo, ella estaba más «despabilada» y se conducía mucho mejor que la mayoría de las personas que estaban en la unidad de memoria.

—Mira eso —dijo mamá, asintiendo hacia una mujer que estaba sosteniendo una muñeca en su pecho—, que triste.

Mamá rechazaba permanecer en ese lugar y yo detestaba que ella estuviera ahí. Lamentablemente, la trabajadora social había transferido a mamá a la unidad antes de que yo comprendiera realmente de qué se trataba el programa. Inmediatamente solicité que mamá fuera transferida de vuelta a las instalaciones principales, pero su cama ya estaba ocupada. Ella tendría que permanecer en la unidad de memoria durante algunas noches, hasta que se desocupara otra cama.

Su primera noche en la unidad de memoria no fue buena. La mujer de la cama contigua lucía como si hubiera tenido un accidente automovilístico. Su rostro y sus ojos estaban negros, azules y púrpuras, no como resultado de un choque automovilístico, sino por haberse caído. Ella gimió fuertemente durante toda la noche y no le permitió a mamá dormir.

La segunda noche, mamá intentó levantarse por sí sola, sin ayuda, aunque la enfermera se encontrara en la habitación en ese momento. Mamá se tropezó con una silla de ruedas y se golpeó la cabeza con el suelo de baldosas. Esa fue la primera de varias caídas que tuvo en la rehabilitación y que finalmente la catalogarían como "con riesgo de caídas". Lamentablemente esta caída tendría consecuencias de largo plazo.

Finalmente, mamá fue trasladada de vuelta a la sección «normal» de rehabilitación; yo había solicitado que la mudaran el martes 25 de agosto, ella se golpeó la cabeza el 26 de agosto y el cambio lo hicimos el jueves 27 de agosto.

Yo salía de trabajar temprano todas las tardes para asistir a las clases de terapia con mamá. «Terapia» es un término de comodín para el increíblemente difícil camino de vuelta a las cosas básicas, tales como levantarse, ir al baño o tomar un baño sin ayuda. La tarde de terapia física de mamá incluyó andar en una bicicleta estática, levantar las piernas sosteniendo una pelota de voleibol, levantar los brazos e intentar colocar cartas en un tablero. Todo eso parecía insignificante, pero mamá llevó a cabo diligentemente lo que le dijeron los terapeutas.

Observar a mamá doblar la ropa como parte de su terapia era desgarrador. Ella pasó veinte minutos intentando alisar las piernas de los pantalones deportivos. Durante el proceso, el terapeuta estuvo mirando y yo la animaba: «Está genial, mamá. Yo sabía que podías hacerlo. Tú siempre les hacías buenos pliegues a mis pantalones cuando asistía a la escuela». A mí me impactó cuan humillante era todo este proceso, no obstante necesario, de haber esperanza de que mamá regresara a casa.

Mientras tanto, había nuevos asuntos jurídicos que considerar. El doctor D'Amico y yo revisamos las decisiones que debían tomarse en caso de que hospitalizaran a mamá de nuevo. Nosotros examinamos el documento de voluntades anticipadas que mamá tenía y nos decidimos por «no utilizar medidas extraordinarias» para mantenerla con vida artificial. En parte de esa discusión se habló de la «orden de no resucitación», lo cual significaba que si mamá caía en un coma o un trauma que pudiera potencialmente terminar con su vida, el hospital no la conectaría a un montón de máquinas, sino simplemente permitiría que siguiera el curso natural. Ya que mi fe se encontraba en Dios en lugar de en la «naturaleza», yo no dudé mucho en firmar esa forma.

Capítulo 22
• •

La decisión del asilo

Cuando John visitó a mamá el fin de semana del 27 de agosto, su condición ya se había deteriorado. Ella apenas podía levantar la cabeza y estaba casi incoherente; no obstante, no como las personas de la unidad de memoria. En un momento, mamá miró a John y dijo: «Esto es todo, ¿verdad?».

—¿A qué te refieres, mamá?

—¿Aquí es donde terminaré?

—No, mamá. Solamente tienes que mejorarte para que te llevemos a casa —John intentó animarla.

Sin embargo, cuando John o yo no estábamos en el NHC con mamá, nos encontrábamos visitando varios lugares de vivienda asistida y «residencias de largo plazo», en otras palabras, asilos. Pocas cosas en la vida son más dolorosas que la decisión de colocar a un ser amado en un asilo. Pero cuando un padre ya no puede cuidarse a sí mismo, tú no lo puedes cuidar en casa o el ser amado necesita cuidado especial y el cuidado de un enfermero especialista, resulta inevitable tener que tomar decisiones.

Además, cuidar a alguien con demencia o Alzheimer conlleva consecuencias horrendas, incluso en las mejores relaciones familiares. Las presiones normales de la vida se exacerban exponencialmente cuando el familiar necesita atención constante. Un cuidado tal trastorna los patrones y rutinas establecidos. Se requiere de considerables cantidades de tiempo, dinero y energía, y casi todas las relaciones de la vida lo sufrirán. Los cónyuges tendrán menos tiempo uno con el otro y con sus hijos, a menudo en un periodo de la vida en que se espera una reducción de responsabilidades y un aumento de libertad. Tu negocio o carrera llevarán el golpe, ya que sencillamente el día no tiene horas suficientes para llevar a cabo todo y estar también con mamá o papá.

Posiblemente peor que los aspectos del tiempo y el dinero al colocar a un padre en una vivienda asistida o una residencia, se encuentra el terrible sentido de culpa que uno siente. *¿Hay alguna manera en que podamos evitarlo?*, piensas. *Si cedemos un poco más, damos un poco más, ¿no podríamos mantener en casa a papá o mamá?* Las preguntas son interminables, pero las respuestas a menudo nos apuntan hacia la misma dirección.

Además, recuerdo cuando mis padres habían intentado desesperadamente cuidar a la tía Ana, quien también sufría de demencia. Mamá y papá lo intentaron todo, incluso contratar a un asistente de planta, para que la tía Ana permaneciera en su casa. Más tarde descubrimos que el asistente se llevó muchas de las reliquias valiosas de la tía Ana. Entre pagar a gente de planta y pagar las altas cuotas de un asilo cuando finalmente fue admitida, mis padres agotaron cada centavo de los ahorros vitalicios de mi tía Ana, así como casi todos sus propios recursos financieros.

Cuando mi familia y yo finalmente nos resignamos a la verdad de que no podríamos regresar a mamá a la residencia, y que tampoco podríamos llevarla a nuestra casa, esa fue la parte fácil. Le siguió la terrible tarea de encontrarle un lugar adecuado para vivir, un lugar decente con cuidados profesionales a un costo asequible: un verdadero desafío. Los asilos «asequibles» estaban, en su mayoría, mal equipados y sucios, eran pocilgas malolientes para ancianos. Desearía estar exagerando. En varios lugares donde John, Lisa o yo investigamos, nos asombró que la junta de salud les otorgara una licencia de operación a estos lugares.

Por otro lado, los lugares limpísimos, de calidad y con personal profesional eran tan caros que nos preguntábamos qué vendría primero: el funeral de mamá o la bancarrota de nuestra familia. Además, a pesar de los costos exorbitantes, las mejores instalaciones estaban llenas y tenían listas de espera larguísimas.

Comenzamos nuestra búsqueda tanto en lugares de vivienda asistida como en residencias con asistencia especializada. Los lugares de vivienda asistida normalmente eran más atractivos, pero nos dimos cuenta rápidamente que para que mamá pudiera vivir ahí, ella tenía que ser capaz de moverse independientemente, llegar al comedor por sí sola y básicamente moverse tal como lo hacía en la antigua residencia; solo que tenía personal profesional que la revisaba y la ayudaba con sus medicamentos. Además de eso, ella debía ser independiente.

Los asilos eran más deprimentes, ya que muchos de los residentes estaban confinados a sillas de ruedas o requerían atención continua. Pocos lugares combinaban cuidados graduados, en los que los residentes cambiaban de una vivienda asistida a un lugar de cuidado especializado, dentro del mismo edificio, a medida que su movilidad disminuyera o que la demencia aumentara.

El proceso de decisión del asilo fue desgarrador y pasamos horas visitando instalaciones, reuniéndonos con los administradores, comparando los servicios, observando a la gente desplomada en su silla de ruedas, formada en los pasillos y entre los ancianos que deambulaban sin rumbo a través de los edificios. En un lugar tipo hospital, los pacientes de demencia llevaban letreros de alerta que decían «¡Cuidado!», porque ellos padecen de demencia y posiblemente no saben a dónde van ni por qué. De manera alarmante, 60% de 5.400 millones de estadounidenses con Alzheimer o demencia se marchan de casa.[1] Para ayudar a evitar que los pacientes se ausenten sin permiso, muchos de los lugares que visitamos tenían secciones «cerradas», tal como la unidad de memoria del NHC, donde los pacientes con demencia y Alzheimer eran segregados de la población general. Fue horrible y deprimente visitar esos lugares y ver las condiciones o escuchar los fuertes gemidos de algunos pacientes, la risa histérica de otros y las circunstancias debilitadoras de muchos de los adultos mayores. Yo no podía evitar pensar: *Ella es la mamá de alguien; él es el papá de alguien.*

En su mayoría, el personal de las instalaciones era cuidadoso y compasivo, aunque la mayor parte de los «técnicos», los trabajadores gruñones del hospital quienes levantaban a los pacientes, limpiaban los cómodos, administraban las duchas y llevaban a cabo las tareas rutinarias que anteriormente les eran asignadas a los «camilleros», parecían estar estresados y agobiados por tener demasiado trabajo.

Desde luego, la limpieza y el cuidado profesional médico de calidad son las prioridades principales al momento de seleccionar un lugar para cuidados a largo plazo. Nosotros también esperábamos que si mamá debía estar en uno de esos lugares, hubiera apertura para estudios bíblicos, música cristiana y conferencistas. La cercanía a casa era otro factor, ya que yo sabía que mamá no se adaptaría a un lugar donde solamente pudiéramos visitarla ocasionalmente.

A menudo, la decisión se reduce al dinero. La vivienda asistida o las casas de cuidados especializados de primera calidad, en la actualidad cobran entre $3.000 a más de $6.000 dólares al mes, ¡y eso no incluye los pañales desechables! A menos que te prepares con anticipación, este tipo de gastos pueden golpear incluso al mejor presupuesto. Mamá no contaba con una póliza de seguro médico de «largo plazo» y su póliza de la Cruz Azul, la cual había pagado sacrificial y fielmente durante años, no cubría toda la suma de su cuidado, aunque el programa gubernamental estadounidense de asistencia médica a adultos mayores pagara la mayor parte de los gastos de cuidado de largo plazo.

Nuestra única esperanza era el seguro médico popular, pero para calificar para la ayuda, mamá no podía poseer más de $2.000 dólares totales en bienes. En cuestión de días, nosotros tendríamos que tomar decisiones difíciles con respecto a los recursos limitados de mamá, vaciando su cuenta bancaria al gastar su dinero en las cosas que sabíamos que necesitaría finalmente, incluyendo ropa y sí, pañales desechables. Uno de los gastos que permitía el gobierno era un funeral pre pagado, de manera que exploramos esa opción y encontramos una compañía que no solamente podía ayudarnos a arreglar la ceremonia, sino también permitía pagos adelantados para todo, desde flores en el ataúd, hasta una comida para los dolientes después del entierro. Se sentía horriblemente morboso y casi engañoso determinar los detalles del fallecimiento de mamá mientras ella continuaba con vida, pero sentimos que sería mejor lidiar con ello antes que esperar hasta el último minuto.

Una de las instalaciones de cuidado de largo plazo que visitamos fue el centro Grace Healthcare, un complejo antiguo y mucho más pequeño ubicado en nuestra comunidad, con solamente alrededor de ochenta pacientes. Nosotros casi lo ignoramos por su antigüedad, pero alguien nos dijo que acababa de ser remodelado y merecía la pena verlo. Nos sorprendimos en cuanto entramos. En primer lugar, Grace no tenía ese «olor ubicuo de asilo» una combinación incesante y amarga de orinas y productos de limpieza que parecía bombardear las fosas nasales y permear la ropa después de visitarlos durante tan solo unos minutos. Justo lo contrario, Grace olía y lucía limpio y prolijo. Estaba bien iluminado, agradablemente decorado, aunque no lujoso, con fotografías enmarcadas blanco y negro de celebridades familiares de la década de 1940, que cubrían los muros. Lo mejor de todo era que Glenda, la directora de admisiones, nos informó que Grace acababa de adquirir los servicios de un nuevo director médico, el doctor Stephen D'Amico, el médico geriatra de mamá. Nos convenció.

Solamente había un problema: a mamá todavía le quedaban unos días de la cobertura de su seguro de cuidados especializados. Si no podíamos mudarla rápidamente a Grace, durante el periodo de la cobertura de los cuidados especializados, ella tendría que pasar a una larga lista de espera con cientos de pacientes del seguro médico popular que le antecedían.

Aunque estábamos extasiados por la posibilidad de llevar a mamá a Grace, sabíamos que si no mejoraba pronto, la mudanza podría no ser necesaria. Mamá continuaba en declive. Una noche, ella estuvo tan mal que pensamos que moriría. Aunque mamá no podía moverse, yo le leí el largo pasaje de Salmos 119, además de otros pasajes, mientras John y Lisa escuchaban y oraban por ella. Cuando John se fue de Nashville, él estaba convencido de que mamá no duraría mucho tiempo y de no haber descubierto que ella estaba consumiendo medicamentos dañinos, él probablemente habría tenido razón.

Capítulo 23

• •

Controlar los medicamentos

Si existe una regla fundamental para los cuidadores de un ser amado que es afligido por la demencia o el Alzheimer, debe ser esta: ¡contróle de cerca los medicamentos! Nosotros no lo hicimos al principio. Como los más confiables y obedientes de los familiares, nosotros asumimos que los profesionales médicos que cuidaban a mamá, le estaban dando los medicamentos que ella necesitaba. Con respecto a los medicamentos, nosotros pensábamos que le estaban dando Tylenol, pero de hecho le estaban dando hidrocodona, un narcótico altamente adictivo que produce una euforia similar a la de la heroína o la morfina; junto con Lortab, Vicodín y otros medicamentos. ¿Y para qué? ¿Para una rodilla raspada?

Como consecuencia, mamá permanecía perpetuamente dormida, letárgica, poco dispuesta a colaborar, sin poder llevar a cabo tareas simples (todo lo cual observaban los terapeutas), ¡pero nadie se daba cuenta de que ella estaba noqueada por los medicamentos! Sin duda, la administración de los analgésicos es un asunto delicado y debatible entre los cuidadores de pacientes con demencia, pero yo me preguntaba si el hecho de que les den demasiado medicamento sea simplemente para mantener callado y menos molesto al paciente. Eso parecía suceder en el caso de mamá. Además, ¡ella padecía demencia! Cuando le preguntaban si sentía dolor, posiblemente lo sentía, pero era muy probable que no. Incluso cuando afirmaba sentir dolor, era difícil saber si este era real o imaginado. Ella podía estar recordando un dolor que sintió cincuenta años atrás. Sin embargo, las enfermeras continuaban tomando las palabras de mamá como el evangelio.

—¿Siente dolor, señora Abraham? —preguntaba una enfermera bienintencionada.

Mamá siempre respondía: «Sí, me duele todo».

—¿Desea un analgésico?

—Ah sí, por favor. —De manera que la enfermera llenaba a mamá de fuertes medicamentos a cada rato. Además de provocar una maraña inservible y desorientada, el peor resultado de la medicación era que mamá no comía. Yo la llevaba en su silla de ruedas a un encantador comedor de tipo restaurante del NHC, ordenaba comida y miraba con desesperación a mamá que no le atinaba a su boca o no podía beber del vaso de jugo sin derramárselo encima. Su cabeza yacía cada vez más baja y ella lucía como si fuera a caerse de cara justo sobre su comida. Yo intentaba alimentarla, pero su boca se rehusaba a moverse. Cada comida era más desalentadora que la anterior.

Una noche, a alrededor de las 9:00 p.m., justo después de que Lisa y yo oráramos por mamá y estuviéramos a punto de salir, una enfermera se asomó a la habitación de mamá y preguntó: «Señora Abraham, ¿le gustaría tomar su analgésico hoy?».

—Ah sí, gracias —respondió mamá.

—¿Qué analgésico? —inquirió Lisa, ignorando la respuesta de mamá y mirando directamente a la enfermera.

—Bien, veamos, ella toma varios —la enfermera respondió con entusiasmo, mientras pasaba las páginas de su portapapeles.

—¿Para qué? —preguntó Lisa.

—Para su espalda, su pierna —la enfermera leyó en la tabla.

—¿Estás bromeando? —Lisa insistió—. ¿Puedo mirar? Vamos afuera —Lisa y la enfermera salieron de la habitación y pude escuchar que Lisa la reprendió en el pasillo.

Cuando regresó, Lisa estaba furiosa. «No vas a creer lo que le han estado dando», me dijo. No tuve tiempo de responder antes de que ella me enseñara una lista de fuertes medicamentos que mamá estaba recibiendo, ninguno de los cuales necesitaba y algunos de los cuales le habían sido recetados inicialmente el día de la caída, y continuaban en la tabla.

—Tendrás que llamar al doctor D'Amico mañana —dijo Lisa—, ya que la enfermera no está autorizada para quitarle medicamentos a tu mamá, solamente un médico. No me sorprende que la abuela Minnie luzca tan aletargada, ¡ella es adicta a los medicamentos!

A primera hora de la mañana llamé al doctor D'Amico y le hablé acerca de los medicamentos. Nos reunimos en el NCH y él escribió una orden en los registros de mamá, para que redujeran lentamente los analgésicos fuertes. Ella literalmente se había vuelto adicta a los analgésicos recetados y ahora tenía que reducirlos lenta y cuidadosamente. Era ridículo. Pero a través de esa situación aprendimos que no podíamos contar con nadie más para controlar los medicamentos de mamá. Nosotros teníamos que controlar lo que recibía, incluso de los cuidadores profesionales.

Dichosamente, ella comenzó a despertar un poco, una vez que los cuidadores dejaron de drogarla. Pasaron varios días hasta que mamá regresó a su usual personalidad alegre. Ella todavía no podía caminar sin ayuda, pero ya no se recostaba en su comida ni dormía todo el día. Una vez más tuve la esperanza de que posiblemente, muy posiblemente, ella podría recobrar fuerza y sería capaz de funcionar de cierta manera normal de nuevo.

El jueves 10 de septiembre, Lisa y yo nos pusimos nuestras sudaderas de los Titanes de Tennessee y fuimos a visitar a mamá para ver la noche de apertura de la NFL entre los Titanes y los Acereros de Pittsburgh de mamá. En diciembre de 2008, cuando mamá continuaba con buena salud, nosotros la habíamos llevado al enfrentamiento entre los Acereros y los Titanes, en Nashville, en uno de los días más fríos del año. Los Titanes iban de camino a obtener el mejor registro de la temporada de la NFL y los Acereros estaban de camino a ganar el Súper Tazón; de manera que obtener los boletos para lo que seguramente sería uno de los mejores partidos del año era un desafío, pero nuestro amigo Bob Kernodle encontró a alguien que estuvo dispuesto a vendernos cuatro boletos. En el día del partido, mamá, Lisa y Alyssa fueron a tomar el desayuno, más tarde ellas le colocaron a mamá capas de ropa de esquiar, mientras yo daba la clase de la escuela dominical. Tan pronto como terminé, nos subimos al coche y nos dirigimos rápidamente a una zona especial de estacionamiento cerca del estadio, pero que continuaba siendo una larga distancia para caminar con la temperatura de trece grados.

—Vamos, mamá. Caminemos tan rápido como podamos. —Yo la animé mientras salimos de la calidez del coche al aire frígido.

A pesar de la frígida temperatura, mamá dijo: «Fue un buen partido. Lástima que nuestros chicos perdieron».

—Lo intentaré —ella respondió desde algún lugar del interior de su ropa de esquiar. Envueltos como momias, Alyssa, Lisa y yo nos afianzamos de mamá y literalmente la arrastramos desde el estacionamiento hasta el estadio. Exhaustos, respirando a través de nuestras bufandas, finalmente llegamos a los torniquetes y entonces nos dimos cuenta de que nuestros asientos se encontraban del otro lado. Nos detuvimos lo suficiente para que mamá fuera al baño, una empresa importante, considerando toda la ropa que estaba vistiendo, y llegamos a nuestros asientos antes de que comenzara el partido.

Por más exagerado que parezca, el partido fue una exhibición rompe huesos de fútbol, ya que los Titanes le dieron un golpe definitivo a los Acereros, venciéndolos 31 a 14. Después del partido permanecimos ahí unos minutos para tomarnos algunas fotos.

—¿Te gustó, mamá? —pregunté.

—Fue un buen partido —dijo ella, apenas moviendo sus labios casi congelados—. Lástima que nuestros chicos perdieron.

Ahora, llenos de los antojos favoritos de mamá y la gaseosa que trajimos de casa, Lisa y yo llevamos una vez más a mamá a ver a los Acereros; pero esta vez, apenas diez meses después, ella se encontraba en una silla de ruedas y sin poder caminar más que unos cuantos pasos, ni hablar de la distancia del estacionamiento hasta el estadio. Dejamos a mamá frente al televisor y llamamos a mis hermanos de Florida para decirles que mamá estaba siguiendo el partido. Disfrutamos la revancha de los Titanes contra los Acereros, pero ni siquiera una victoria de los Acereros pudo saciar la tristeza de mamá debido a que no podría ir a casa con nosotros esa noche. Esta era la nueva normalidad.

Pasaron dos semanas antes de que pudiéramos cambiarla del centro NHC a Grace. Los retrasos nos costaron más de $5.500 dólares.

Transportar a mamá del NHC a Grace fue una aventura en sí misma. Lisa visitó a mamá en un lindo atuendo y, después de una exasperante espera de dos horas en NHC debido a que el papeleo no estaba listo, finalmente pude llevar a mamá por el pasillo hacia nuestro coche.

Lograr que mamá entrara en el vehículo cuando apenas podía levantarse de la silla de ruedas, mucho menos levantarse o flexionar su cuerpo, era toda una hazaña. Lisa y yo nos torcimos, nos volteamos y la movimos hasta que finalmente cayó desplomada en el asiento trasero del coche.

Cuando por fin estuvimos listos y con el cinturón de seguridad del asiento trasero que sostenía a mi mamá encorvada, miré por el retrovisor y dije: «Sostente que aquí vamos».

A mamá no le importó. «Ah, Ken, gracias por sacarme de ese lugar. Estoy tan agradecida de marcharme». Ella repitió varias veces cosas similares y luego lo comprendí: *¡Ella cree que la voy a llevar a casa!*

Aunque yo le había dicho que la transferiríamos al lugar donde el doctor D'Amico trabajaba como director médico, esa información no resonó en el cerebro de mamá. Ella pensaba que ese esfuerzo era para que pudiera regresar a la residencia. En cambio, yo la estaba llevando a un asilo. Me sentía como un sinvergüenza.

Capítulo 24

· ·

Graceland

A los pacientes de demencia no les gusta nada que perturbe su rutina, así que no debía sorprenderme que mi mamá se pusiera tan
nerviosa al registrarla en una nueva habitación en Grace. Ella debía
compartir el cuarto con Naomi, una mujer anciana que había sufrido
una severa apoplejía y una fractura de cadera. Naomi comprendía muy
bien cuando alguien le hablaba, pero se comunicaba con gran
dificultad.

Mamá no deseaba permanecer ahí.

Llevé a mamá en la silla de ruedas por las instalaciones, ayudándole
a familiarizarse con su nueva ubicación. Recorrimos los pasillos y nos
detuvimos en la sala familiar, una pequeña área para sentarse, con televisor y un teléfono, donde los familiares visitantes podían apartarse de
las demás personas. Luego nos dirigimos al comedor, que también funcionaba como sala de actividades. Le señalé a mamá el piano que se
encontraba en la esquina y sus ojos se iluminaron. Varios residentes
estaban mirando la televisión, esperando que la cena fuera servida. Casi
todos los residentes estaban confinados a sillas de ruedas.

—No deseo permanecer aquí —me dijo mamá.

—¿Por qué, mamá?

Ella se me acercó y susurró: «¡Muchas de estas personas tienen piojos!».

—¡Desde luego que no! —me reí—. Me parece que lucen muy bien.

La piel de mamá no estaba en muy buen estado. Sus piernas lucían secas y su piel se descascaraba al tocarla. Lisa le ayudó a utilizar una crema depilatoria y luego le aplicó una crema corporal. A mamá le encantó.

—¡Siente cuan suaves están mis piernas! —ella decía entusiasmada una y otra vez como niña, levantándose la pierna del pantalón hasta la espinilla para mostrarme.

—Está genial, mamá. Bájate las piernas de los pantalones, por favor.

En la sala de actividades nos reunimos alrededor del piano y encontramos un viejo libro de himnos para servicios de avivamiento que contenía muchas de las canciones que mamá se sabía de memoria. Yo gritaba las canciones y ella las tocaba de memoria, mientras yo intentaba débilmente cantar con ellos. Al hacerlo, yo podía escuchar su débil voz cantar en armonía. Me mordí los labios para esconder mis emociones y continuar cantando. Después de un rato, llegó al comedor la mujer de limpieza, de modo que le dije a mamá que tocara una canción más, «Cuan grande es Él», y luego alejé la silla de ruedas y la llevé de vuelta a su habitación.

Permanecí afuera de la habitación de mamá mientras los técnicos la ayudaban a prepararse para la cama. Cuando las enfermeras salieron de la habitación de mamá, yo entré y hallé a mamá envuelta en su sábana y su colcha, y en su cama que estaba a unas cuantas pulgadas del suelo. En el suelo, junto a su cama, yacía una grande almohadilla azul similar a los tapetes que utilizábamos para lucha en las clases de educación física de la escuela preparatoria. Ya que mamá tenía riesgo de caerse, las enfermeras no se arriesgaban.

Me arrodillé en la almohadilla que estaba junto a la cama de mamá y envolví su mano con la mía. «Iré a casa a trabajar un rato», le dije.

—Descansa y te veré en la mañana. —Instantáneamente pude ver el temor en los ojos de mamá.

—No, Ken —me rogó—, por favor no me dejes aquí. Llévame contigo.

—No puedo, mamá. No puedo cargarte y tú todavía no puedes caminar.

—Sí puedo caminar.

—No lo suficientemente bien como para subir las escaleras de nuestra casa —respondí.

—No me dejes —lágrimas cayeron de los ojos de mi madre y mi corazón respondió de igual manera—. Quédate aquí —ella suplicó—. Puedes poner una bolsa de dormir justo aquí en el piso. No me molesta.

Yo detestaba esta nueva vida que estábamos forzados a experimentar. Aunque todos en Grace eran compasivos y serviciales, y aunque la transición hubiera sido hecha lentamente, mi mamá ahora estaba encerrada en un asilo y sin importar el nombre tan dulce que le habían puesto: cuidados especializados, residencia de largo plazo o lo que fuera, continuaba siendo un asilo, un último recurso del cual era muy probable que ella no regresara.

Yo le había dicho a mi hermano antes ese día: «La parte más difícil de todas es que sabes que cuando se vaya de este lugar, ella saldrá en un ataúd». Él coincidió.

—Tengo que trabajar, mamá —dije—. He estado aquí contigo todo el día y no he escrito nada.

—Ah, de acuerdo —respondió ella, como si estuviera satisfecha con soltarme para trabajar. Eso estaba bien. Ir a casa con mi familia o incluso sentarme a comer un sándwich mirando un partido, no hubiera sido una razón suficiente para ir a casa esa noche. Pero el que yo fuera a casa a trabajar era mucho más aceptable para ella.

Oramos juntos, como se convertiría en nuestro hábito, yo de rodillas en la colchoneta de su cama, asiendo su mano. Cuando yo terminaba de orar, mamá continuaba orando, lo hacía durante otros cinco minutos antes de cerrar: «En el nombre precioso de Jesús, amén».

Al día siguiente, me dirigí a Grace para comer con mamá. Sentada en la mesa de la sala de actividades con un grupo de mujeres ancianas, todas quienes eran pacientes de demencia y Alzheimer, mamá les sonreía amablemente a las mujeres, luego volteó a verme y dijo suspirando: «Sácame de este lugar. ¡Ahora!».

—No puedo hacerlo hasta que puedas salir caminando —dije discretamente, utilizando mi excusa automática para no llevarla de vuelta a su casa o a la mía.

Después del almuerzo llegaba la hora de la terapia. El terapeuta volcó sobre la mesa de la sala de actividades un canasto lleno de toallitas. Los residentes comenzaron a doblarlas. Además de mantenerlos ocupados, doblar toallitas es una actividad para ayudar a que los pacientes de demencia utilicen sus dedos y sus manos, doblando y alisando las toallitas, y apilándolas en la mesa. Parece que ellos saben que es un trabajo sin fin, pero participan con gusto. Una mujer anciana dijo: «Doblamos estas toallitas todos los días». Otra anciana agregó: «Sí, ¡y nosotros ni siquiera las utilizamos!».

Mamá sabía que era un ejercicio inútil, de manera que yo continuaba recordándole que el terapeuta la estaba alistando para las actividades que debía llevar a cabo en casa, una vez que llegara allá. Aunque en la boca del estómago, a menos que hubiera un milagro de Dios, yo sabía que mamá ya jamás necesitaría esa habilidad. Pero yo creía en los milagros.

Muchos de los residentes de Grace vivían con un tipo de demencia o Alzheimer, y se encontraban en un declive inexorable e irreversible. Sin embargo, una pareja fascinante parecía ser diferente de los demás residentes.

A Joe y a Mary siempre se les veía juntos, mientras Joe paciente y amorosamente guiaba a Mary por los pasillos. Más tarde supimos que Mary sufría de Alzheimer y ya no se podía cuidar sola; sin embargo, estaba perfectamente saludable y mentalmente alerta. Él se había marchado sacrificialmente de su casa y mudado a Grace para vivir con su esposa y ayudar a cuidarla. ¡Qué amor!

Otra mujer, la señora Jones les gritaba a todos los hombres que pasaban por la puerta. «¡Arthur! —gritaba severamente—. Arthur, ¿a dónde vas? ¡Regresa ahora mismo!». Su esposo, descubrí, había fallecido tres años atrás y ella lo extrañaba demasiado.

Un día, cuando acudí a visitar, observé que la señora Jones estaba sollozando, llamando a Arthur. Me le acerqué y con delicadeza coloqué mi mano sobre su hombro, y le dije: «Está bien, señora Jones. Me da gusto verla hoy». Ella se tranquilizó y sonrió cálidamente. A partir de ese día, cada vez que visitaba a mi mamá, me detenía y saludaba a la señora Jones. Una vez le dije: «¡Hola, señora Jones! Hoy luce verdaderamente hermosa».

La señora Jones se erguía en su silla de ruedas y decía: «Es mejor que se comporte, joven. Soy casada, ya lo sabe».

Luego estaba Wanda, una mujer corpulenta de setenta y tantos años, quien me recordaba un poco a un buldog. Ella siempre estaba intentando levantarse de su silla de ruedas. Mucha gente pensaba que ella era mala, de manera que yo la saludaba con una gran sonrisa cada vez que la veía.

—¡Oiga! —ella me gritaba mientras me dirigía a la habitación de mamá.

—Hola, Wanda —yo decía con alegría—. ¿Cómo está? ¿En qué le puedo ayudar?

—Dame una cerveza.

—¿Una cerveza? ¿Qué hará con ella? —yo preguntaba ingenuamente.

—¡La voy a beber!

—Ah, ya veo —decía yo, riéndome—. No tengo cervezas. ¿Hay algo más en que le pueda ayudar?

—Llévame a casa —exigía Wanda—. Llévame a la cama.

Las enfermeras se reían mientras me sonrojaba. Rápidamente aprendí que mis preguntas eran inapropiadas para un asilo y cambié mi tacto a afirmaciones declarativas como: «Me alegra verla hoy».

—Los ancianos se han vuelto salvajes —dijo en tono de broma una de las enfermeras cuando le dije que Wanda estaba semidesnuda de nuevo.

Una semana o dos después de la transición de mamá, ella me dijo haber visto al doctor D'Amico en Grace.

—Él es verdaderamente un hombre gentil —dijo mamá—. Le dije que ahora estoy viviendo aquí.

El hecho de que mamá sobreentendiera que ahora vivía en un asilo me entristecía profundamente. Las palabras «Ahora estoy viviendo aquí», resultaron especialmente estremecedoras.

En el hospital y en la residencia de rehabilitación, mamá tendía hacia la frustración más que hacia la autocompasión. Ella se desesperaba por no poder caminar independientemente, no se podía levantar para saludar a quien entraba en la habitación, no podía responder el teléfono (o posiblemente había olvidado cómo hacerlo) y las yemas de sus dedos ya no funcionaban tan bien como para abrir la infinidad de tarjetas de buenos deseos que recibía. Lo que era todavía más humillante para ella, era que ya no podía bañarse sola y tenía que permitirles a los camilleros o las enfermeras que la ayudaran a ir al baño, e incluso le lavaran las zonas privadas, lo cual hacía con gran vigor, para desgracia de mamá. Incluso voltearse o deslizarse de la cama era toda una tarea.

Ahora en Grace, las frustraciones de mamá se habían multiplicado. Comer en una silla de ruedas parecía ser una tarea especialmente laboriosa, ya que mamá tenía que perseguir con el tenedor un pedazo de pollo por el plato, intentando pinchar lo suficiente para comer.

—Aquí, déjame ayudarte —sugería yo, cortándole la comida en pequeños pedazos.

—Yo puedo hacerlo —ella decía.

—Lo sé, pero tu comida se está enfriando —yo sonreía—. Te vas a morir de hambre si no me dejas ayudarte —yo continuaba cortándole su pollo. Mamá cerraba los ojos y se inclinaba en el respaldo de la silla de ruedas. Me golpeaba la ironía de que probablemente mamá solía cortarme el pollo, tal como yo se lo estaba cortando ahora a ella.

Verla intentar beber jugo de arándano era un ejercicio de paciencia para ambos: mamá sostenía el vaso con sus manos que ahora se sacudían, derramaba el jugo en su blusa determinada a encontrar sus labios y beber el fresco líquido rojo con la boca. Para mí era tentador estirarme y tomar el vaso para llevarlo a sus labios, pero yo sabía que ella tenía que hacerlo por sí misma.

Ella podía beber unos cuantos sorbos antes de que la frustración la superara. Bajaba el vaso y volvía a perseguir el pollo de su plato.

Muchos de los residentes de Grace se sentaban en los pasillos todo el día, mirando tristemente, esperando que alguien les hablara. Desde luego, el personal hacía su mejor esfuerzo para observar a cada persona, pero no era lo mismo como que su hijo, su nieto o un amigo los visitara. A algunos de los residentes rara vez los visitaban, ni siquiera en fines de semana y unos cuantos no recibían visitas nunca. Yo me sentía triste por las abuelas y los abuelos que pasaban sus días sin ver a un familiar o a un amigo. Intentaba quedarme más tiempo con los residentes que sabía que no tenían visitantes externos. Tan solo con ver a alguien a los ojos, saludarlo por su nombre, sonreírle, tocar su mano o su hombro parecía marcar una gran diferencia para ellos.

Grace proporcionaba ciertas reuniones de información, pero pocos familiares asistían. En un seminario en el que habló el doctor D'Amico, un experto muy respetado en su campo, asistieron doce personas. La mitad eran miembros del personal. Tristemente, para algunas personas afligidas por la demencia, existe una desconexión de parte de los familiares, una vez que el familiar está «instalado» seguramente en el asilo.

Además de aprenderme los nombres de los residentes compañeros de mamá, intenté aprenderme los nombres de los cuidadores, las enfermeras, los técnicos y los voluntarios. Yo deseaba que me conocieran, pero sobre todo, en caso de tener algún problema o si mamá no recibía el cuidado apropiado, deseaba que supieran que yo los conocía por nombre. La mayoría de los cuidadores con los que me había encontrado hasta ese momento en el viaje de mamá a través de la demencia eran pacientes, amables y compasivos, su actitud era asombrosa y tenían una voluntad incesante de servir. Y nosotros estábamos agradecidos por cada uno de ellos. Pero la verdad es que no todos los que les sirven a los ancianos son dignos de confianza. Nosotros siempre estábamos atentos, porque algunos eran malvados, desconsiderados, falsos y perezosos. Unos cuantos incluso habían sido ladrones.

A mamá no le faltaban visitantes. Muchos amigos de nuestra clase dominical acudían a visitarla.

Nuestras amigas de muchos años, Linda Gardner y sus hijas, condujeron desde Pensilvania para visitar a mamá. Verlas, le levantó el ánimo a mamá; de manera que mientras ellas pasaban el tiempo juntas, yo salí para ver si alguien estaba en la sala de actividades, donde se encontraba el piano. De camino al pasillo, Glenda, la directora del asilo, me vio y me dijo que acudiera a su oficina. Ella me dijo riendo: «Deseo que escuche algo».

—Ah... de acuerdo —respondí, intentando imaginarme lo que Glenda deseaba que escuchara. Ella presionó la tecla de su teléfono y

reprodujo un correo de voz de mamá en el que decía—: Estoy aquí en
Graceland y estoy intentando encontrar a mi hermano —Glenda soltó
una risa ahogada ante la alusión de mamá a Graceland, la antigua casa
de Elvis Presley. La casa actual de mamá, desde luego, era Grace
Healthcare, y su hermano había estado muerto durante más de treinta
años. Como muchas otras cosas de la vida de mamá en esos días, el
mensaje fue tanto gracioso como triste.

Reuní a mamá y a sus invitadas en la sala de actividades, y la llevé
en la silla de ruedas al piano: «¿Qué deseas escuchar, Linda?», inquirí.

—Me encanta «Cuan grande es Él» —respondió Linda. Sin una
pizca de duda, mamá colocó sus manos en el piano y comenzó a tocar
la canción. Linda y sus hijas cantaron mientras mamá tocaba el piano y
cantaba en armonía. Brenda, una directora de actividades, se nos unió
y dirigió un concierto espontáneo.

Utilizando los brazos y los pies para acercar sus sillas de ruedas, los
residentes y sus invitados se reunieron alrededor del piano. Muchos de
los residentes quienes ni siquiera podían llevar una conversación, estaban articulando las letras de los viejos himnos. Una mujer de cabello
cano que tenía un tanque de oxígeno y dos tubos que iban a sus fosas
nasales, acercó su silla tanto como pudo hacia donde mamá se encontraba tocando el piano y donde algunos de nosotros estábamos cantando.
Yo le sonreí y sus ojos se iluminaron. Entonces, cuando mamá comenzó
la canción «¡Oh, qué amigo nos es Cristo!»[1], los ojos de la mujer se llenaron de lágrimas y comenzó a articular las letras con la boca, mientras
intentaba cantar junto con todos.

Posiblemente la música sea de verdad lo último que desaparece.

Capítulo 25

. . . .

Permanecer conectados

La sensación de ser desplazado y estar desconectado contribuye a la confusión que experimentan los pacientes con demencia. Hasta entonces, mamá había estado fuera de casa durante casi diez años, y aunque había vivido en un lindo departamento de Florida, un agradable departamento de Tennessee e incluso en un hermoso centro de rehabilitación tras su caída en el 2009, aun así estaba desconectada. La sensación de ser desplazada y apartada de todo lo que había conocido la mayor parte de su vida resultaba perturbador, y aunque apreciara su nuevo alojamiento, su antigua vida se había desvanecido y ahora era de alguna suerte nómada. «Graceland» ahora era su casa.

Una noche, mientras estaba con mamá en su habitación, me incliné hacia delante y la tomé de la mano. Por primera vez sus dedos estaban tibios; en meses recientes sus yemas habían estado frías como el hielo. Mamá me miró tristemente y dijo: «Nunca pensé que estaría en esta situación, sin poder cuidarme a mí misma. No deseo ser una carga para ustedes. Probablemente debería buscar un empleo».

Yo no sabía si reírme o llorar. Que incluso se preocupara por ser una carga me impactó profundamente; que pensara que podía mantener un trabajo, desde luego era ridículo.

—Nos alegra que estés aquí y que podamos cuidarte.

Sostener la mano de mamá, mientras orábamos cada noche, me recordaba la importancia de hacer contacto físico con ella. Tales expresiones siempre me han sido incómodas, pero me di cuenta de que mamá anhelaba un contacto humano. Creo que todos lo anhelamos. De manera irónica, debido a la manera en que los ancianos se tratan mutuamente, ellos rara vez se tocan. Si yo no la tocaba, mamá podía pasar un día o una semana sin un contacto físico significativo, además de cuando una enfermera o un camillero la ayudaban a limpiarse después de ir al baño. Para mí era difícil al principio, pero me forcé a superar mi propia incomodidad y lo intenté, y pude sostener la mano de mamá durante mis visitas, especialmente durante los tiempos de oración.

Nosotros deseábamos organizarle una fiesta de cumpleaños a mamá en octubre, pero debido a las reglas del seguro médico popular, decidimos posponerla hasta noviembre, después de que estuviera oficialmente calificada para el seguro. De otra manera, si la hubiéramos sacado de Grace y se hubiera caído, nosotros habríamos sido completamente responsables de todo cuidado hospitalario y otro tipo de rehabilitación que necesitara. Aunque mamá tenía el seguro de la Cruz Azul, no valía la pena tomar un enorme e innecesario riesgo.

Cuando llamó mi hermano John y dijo que vendría a visitar a mamá en noviembre, Lisa me convenció que posiblemente sería la última oportunidad de tener una fiesta de cumpleaños con «los himnos de Minnie». En su fiesta anterior de cumpleaños con cantos, mamá todavía estaba coherente y apenas estaba comenzando a experimentar los efectos de la demencia. Nosotros deseábamos hacer una fiesta similar, pero estábamos preocupados de que mamá no pudiera sortear las escaleras de nuestra casa, de manera que rentamos un salón de nuestra iglesia para la fiesta de cumpleaños de mamá, la cual celebramos en noviembre, en lugar de celebrarla en la fecha de cumpleaños real: el 7 de octubre. Siendo realistas, sabíamos que a mamá no le importaba ni sabía qué fecha era.

Programamos que le arreglaran el cabello en Grace la tarde anterior a la fiesta y le elegimos un atuendo para que vistiera. Lisa le puso una nota al atuendo para que las enfermeras supieran que mamá no se encargaría de su atuendo ese día. Quién sabe qué combinación de colores elegiría ella.

John y yo fuimos a Grace a recogerla una hora antes. Encontramos a mamá lista, sentada en una silla de ruedas. Ella lucía sensacional, elegante y sofisticada con sus pantalones y zapatos negros, una blusa negra de cuello de tortuga y una chaqueta rojo brillante que le habíamos elegido para que vistiera. Ella se quejó de haber tenido que vestirse elegantemente, pero cuando metimos la silla de ruedas al coche, de pronto se le iluminó el rostro cuando supo que iría con nosotros. John y yo le ayudamos cuidadosamente a mamá a levantarse y luego la ayudamos lentamente a sentarse en el asiento trasero.

Una vez en la iglesia, la colocamos en otra silla de ruedas que habíamos llevado y la subimos por el elevador hacia donde la multitud de ochenta personas se había dado cita para celebrar junto con mamá. Fue asombroso. Le pedimos a todas las personas que se colocaran una etiqueta con su nombre, no para que se conocieran, sino para que mamá los reconociera mejor, y la idea funcionó bien. «¿Recuerdas a Vickie Riley?», yo le preguntaba señalando la etiqueta de Vickie.

—Ah, desde luego que recuerdo a Vickie —respondió mamá. Yo le sonreí a Vickie, ambos sabíamos que mamá había recibido una pista útil al ver la etiqueta. Los saludos fueron similares con todos los demás; mamá le aseguró a cada persona que estaba muy alegre de verlos de nuevo y cada persona abrazó a mamá gentil y amablemente, haciéndola sentirse especial. Nuestro amigo, Tommy Quinn le tomó fotos a mamá con cada persona que llegaba de improviso a la línea de recepción.

Después de un tiempo de celebrar y comer (un menú simple de chile con carne, uno de los favoritos de mamá, y torta y helado, desde luego), llevamos la silla de mamá a un gran piano de cola. Luego invitamos a la gente a solicitar sus himnos favoritos y los cantamos. Mamá no tenía un himnario ni alguna partitura, pero ella tocó todos los himnos que los amigos pidieron. Varias personas del grupo eran músicos o cantantes profesionales, de manera que les pedí que se reunieran alrededor del piano. Al poco tiempo teníamos un coro afinado. Cantamos durante más de una hora, mientras mamá interpretaba las solicitudes. En un momento, ella miró hacia arriba y dijo: «¡Voy a alabar a mi Dios por siempre!».

«¡Nunca había estado mejor!».

Seguido de nuestra exitosa fiesta de cumpleaños, Lisa y yo pensamos en una aventura todavía más arriesgada. No podíamos soportar pensar que mamá estaría en su habitación en el Día de Acción de Gracias, de manera que decidimos llevarla a la casa ese día. Las enfermeras no sabían que yo había planeado sacarla, de modo que cuando llegué a Grace, mamá tenía ropa informal con rastros de comida salpicada en su suéter, pero a mí no me importó. Logré meterla en el coche yo solo y emprendí el camino por el campo hacia nuestra casa. Durante algunos minutos sentí como los viejos tiempos, mientras mamá hablaba naturalmente acerca de cuan hermosamente habían cambiado de color las hojas. Cuando llegamos a nuestra casa, el novio de mi hija y yo ayudamos a mamá a subir los treinta escalones de nuestra puerta principal. Nos llevó un tiempo, pero ella logró hacerlo.

Temprano en la tarde, mamá me dijo: «Estoy muy cansada. ¿Me vas a llevar pronto a casa?».

Eso era diferente. En mejores tiempos, mamá rara vez deseaba marcharse. Ella permanecía hasta que los niños estuvieran listos para irse a la cama. Pero ahora sus niveles de energía eran mucho más bajos y ella se agotaba mucho más rápidamente.

—Regresaremos pronto —le aseguré—. Solo siéntate en el sofá hasta que estemos listos para irnos.

Jugamos y mamá hizo comentarios graciosos. Pero muy pronto, ella ya estaba lista para irse a «casa», a la casa de Graceland y a su nueva existencia banal.

Capítulo 26

La «verdad» relativa

Un hombre adulto no debe cambiar los pañales de su madre, pero pronto descubrí que, me gustara o no, ayudarle a mamá en el baño era parte de mi nuevo puesto de trabajo.

—Tengo que orinar —mamá me informó, mientras estábamos sentados juntos en su cama de Grace.

—Bien, espera, mamá —le dije, dirigiéndome ya hacia el pasillo—. Le voy a decir a una enfermera que te ayude. —Miré hacia el pasillo, donde normalmente se encontraba una enfermera, pero no había nadie por ningún lado.

—Ah, me orinaré en mis pantalones —escuché decir a mamá, mientras intentaba levantarse.

—¡No! —casi gritaba—. No lo hagas. —Me dirigí de vuelta a su habitación—. Vamos, te ayudaré.

—Demasiado tarde —decía ella con una sonrisa traviesa—. Pero creo que tengo que hacer más, del otro lado.

—¡Ay, no! —Coloqué las manos sobre los hombros de mamá e intenté levantarla. Ella era 168 libras de peso muerto, pero finalmente pude ponerla de pie—. De acuerdo, vamos, te llevaré al baño. ¿Puedes caminar?

—Claro que puedo caminar —respondió ella.

Yo debí haberlo sabido.

La ayudé a arrastrar sus pies desde su cama hacia el baño, después me arrodillé y le bajé los pantalones. Durante un momento pensé: *Cuan humillante es esto para mi madre, que su hijo le baje los pantalones*. Pero parecía que a mamá no le importaba. De hecho, parecía como si hubiera perdido todas las inhibiciones: «Ay, ¡aquí viene más!», la escuchaba decir arriba de mí.

Ay, ¿qué hacer ahora? Solamente había una cosa por hacer. Bajarle la ropa interior y llegar al inodoro lo más pronto posible. Su trasero llegaba al asiento justo a tiempo. Uno o dos segundos más, y posiblemente yo me estaría cambiando mi propia ropa.

—Esperaré afuera —dije, mientras los sonidos y los olores de las flatulencias de mamá llenaban el diminuto baño—. Llámame cuando termines y regresaré a ayudarte.

—Bien, gracias —respondió mamá como si acabara de decirle que estaba colocando las provisiones sobre el aparador. Yo cerré rápidamente la puerta.

—Aquí estoy por si hay problemas —dije mientras me dirigía hacia la puerta. Mamá gruñó algún tipo de respuesta.

Recargué la cabeza contra la puerta y cerré los ojos. Era como si estuviera cuidando a un bebé, solo que peor.

Una noche, durante la temporada de Navidad, pasé a visitar a mamá y no podía encontrarla. La mayoría de los residentes estaban sentados en la sala de actividades, esperando un programa de algunos cantantes cristianos de villancicos de alguna iglesia local. En la parte trasera de la sala, vi a un grupo que estaba sentado en sus sillas de ruedas en semicírculo y no vi a mamá con ellos. Caminé hacia su habitación, esperando encontrarla mirando la televisión, pero cuando llegué, su habitación estaba vacía. *Eso es extraño*, pensé. *¿A dónde pudo haberse ido?* Regresé a la sala de actividades y pude llegar hasta el frente de los residentes. Entonces la vi. Mamá estaba sentada hasta el frente y me di cuenta de que no la había reconocido.

Ella lucía como todos los demás. Sentada recta e inmóvil, mirando justo hacia el frente con una expresión simple en su rostro, mamá se mezclaba con los residentes que habían estado ahí mucho más tiempo que los tres meses y medio que ella llevaba ahí. Una tristeza desgarradora me invadió cuando me percaté de nuevo que la condición de mamá no estaba mejorando y que su capacidad mental estaba menguando día tras día.

Junto a ella se encontraba Sam, un hombre solitario y autista de cuarenta y tantos años, que siempre vestía vaqueros y varias capas de playeras. Sam podía caminar sin ayuda, así que paseaba libremente por todo el edificio. A él le gustaba especialmente estar con mamá y ella lo había acogido como su amigo.

Los cantantes cristianos de villancicos se presentaron y comenzaron a cantar. En el grupo había algunos adultos, pero casi puros niños de alrededor de diez años de edad. Ellos cantaban con entusiasmo y no alcanzaban perfectamente las notas. Cuando terminaron su primer número, yo estaba a punto de aplaudir, pero percibí que nadie más en la sala estaba aplaudiendo, ni siquiera mamá. Yo reprimí mi respuesta.

Los cantantes se esforzaron, animando a los residentes a cantar con ellos y algunos, como mamá y Sam, sí lo hicieron. Otros articulaban las letras de los villancicos más conocidos.

Sam disfrutó especialmente la música, cantó fuerte pero tan horriblemente fuera de tono que yo me preguntaba cómo era que los niños de delante podían mantenerse de frente. No todos lo hicieron, pero la mayoría intentaron permanecer cantando, lo cual no era fácil con la estridente entonación de Sam.

Esta es la vida de todos los días para mamá, pensé. *No me sorprende que se deprima.*

Cuando los cantantes terminaron, me acerqué rápidamente a su líder para agradecerle por llevar a Grace al grupo. Deseaba que supieran que sus esfuerzos eran apreciados y no eran en vano. Mamá y Sam los disfrutaron, si es que nadie más lo hizo.

Acerqué una silla y la coloqué frente a la silla de ruedas de mamá. «Oye, ¿no estuvo grandioso? —dije con entusiasmo—. ¿Lo disfrutaste?».

—Ah, sí —ella respondió adormilada.

—Cantaron muy bien, ¿no?

—¿Ah sí? —dijo ella bromeando. Yo sabía que mamá había percibido las notas desafinadas de algunos adultos y niños, pero no era realmente justo juzgarlos, ya que Sam había estado cantando del lado de su oído izquierdo.

Nos sentamos un rato en la sala de actividades y hablamos, mientras los técnicos regresaban a los residentes a sus habitaciones. Yo percibí que mamá estaba un poco deprimida.

—¿Qué sucede, mamá?

—No he podido salir a comprarle su regalo de Navidad a nadie —dijo con tristeza.

—Ah, está bien. Tendremos todo lo que necesitamos. Además, puedes darles a las niñas algunos de los animales rellenos que tienes en tu cajón. —Varios grupos de iglesias visitaban Grace y les habían regalado animales de peluche a cada uno de los residentes. Mamá tenía un pingüino y un suave cachorro blanco. Ella me decía cada vez que los visitaban: «Llévale estos a Kellee».

Mi sobrina, Kellee, vive en Florida, pero mamá pensaba que ella estaba a solo unas cuantas millas.

—Puedes dárselos a Kellee cuando venga a visitarte —yo le decía a mamá.

—De acuerdo, es una buena idea —ella decía con una sonrisa.

En Navidad, yo llevé a mamá a nuestra casa para celebrar el nacimiento de Cristo y disfrutar la cena navideña con la familia. Incluso tuvimos algunos regalos que arreglamos como si ella se los hubiera comprado a los niños. Ese día más tarde, fuimos a visitar a unos amigos de toda la vida, Judy Nelon y su familia.

Judy también tenía regalos especiales para cada uno de nosotros, incluyendo a mi mamá. Mamá se entusiasmó por la amabilidad de Judy, abriendo cada regalo con cuidado. Entonces, como si siempre tuviera que haber un recordatorio de la demencia, incluso en Navidad, ella miró a Judy y dijo: «No debiste hacer todo esto por mi cumpleaños. Nosotros no celebramos el cumpleaños de nadie así».

Alyssa regresó a casa de la universidad en las vacaciones de Navidad y acudió a visitar a su abuela. Mientras estaba ahí, John llamó de Florida, así que Alyssa le pasó el teléfono a mamá. Ella habló con John durante alrededor de quince minutos. Horas después, yo llegué a Grace. Mamá y yo tomamos una taza de café y hablamos acerca de Alyssa. Sabiendo que ella también había hablado con John, pregunté: «¿Y cómo está John?».

Mamá me miró con curiosidad. «¿John? —enroscó sus labios—. ¡No he sabido nada de John en meses!».

Desde luego yo sabía más. Mi hermano la había visitado en por lo menos cuatro ocasiones en meses recientes y se había quedado varios días durante cada viaje. Él la llamaba regularmente, en algunas ocasiones, más de una vez en un día. Pero mamá no recordaba la conversación que acababa de sostener con él unas cuantas horas antes. Esa fue una importante lección para mí al lidiar con la demencia de mamá: a saber, ella podía decir algo completamente falso que ella creía que era verdad. Si yo hubiera tomado en serio sus palabras, habría pensado que mis hermanos no la visitaban ni la llamaban.

Aunque la mayor parte del tiempo esas distorsiones tan mínimas no importaban, la información errónea podía ser peligrosa si las enfermeras o los técnicos no estaban conscientes de que mamá no siempre era la fuente más precisa de información acerca de sí misma.

—Señora Minnie, ¿tomó su medicamento y se bañó hoy?

—Ah sí, me tomé todo el medicamento y quedé limpísima —ella podía responder. De hecho no había recibido su medicamento ese día y no se había acercado a la tina en toda la semana. Para exacerbar aun más las cosas, mamá estaba más consciente que muchos otros residentes de Grace. Ella podía llevar una conversación, hablar de eventos actuales que había mirado en la televisión, hacer comentarios acerca de otras personas y sonaba bastante convincente para quien no conocía la verdadera condición de mamá.

—Me voy a marchar de este lugar en la tarde —ella le dijo a uno de los técnicos un día. Eso no era inusual. Lo inusual fue que el técnico estaba tan convencido de que mamá se marcharía que me llamó para ver a qué hora deseaba que mamá estuviera lista para partir.

—Ella no se va a ir a ningún lugar —le dije.

—¿No? Ella me dijo que se iba a mudar de vuelta a Pensilvania.

—Ni en sueños —le respondí riéndome.

Me alegró tanto que mamá no le dijera que saldría a un club nocturno.

Un día, mamá me llamó, una hazaña importante ya que no tenía teléfono en su habitación. Pero una de las enfermeras la había llevado al teléfono que se encontraba en la sala familiar y la ayudó a marcar mi número. Me sorprendió escuchar a mamá, pero me sorprendí todavía más cuando dijo: «Ken, anoche un hombre grande y alto entró en mi habitación y me invitó a salir».

—¡En serio! —decidí seguirle el hilo.

—Sí —mamá respondió un tanto furiosa.

—Bien, ¿y fuiste?

—¡Desde luego que no!

—¿Por qué no?

—Él deseaba que fuera a su casa.

—Ay no, nosotros no vamos a hacer esas cosas. —Casi podía ver a mamá negando con la cabeza del otro lado de la línea.

—Así es. Estos hombres solo desean una cosa.

—¿De verdad? ¿Qué desean? —pregunté. Imágenes de varios hombres de Grace revolotearon por mi cabeza. Ni un solo hombre viril entre ellos.

—¡Ya sabes! —dijo mamá.

—Ah —intenté sonar asombrado—. Bien, hablaré con él cuando vaya.

—Sí, esa es una buena idea —dijo ella—. Pero apresúrate.

Asumí que mamá estaba teniendo otro de sus días de alucinaciones y que ella se olvidaría del hombre de su habitación; pero cuando fui a visitarla al día siguiente, ella trajo a colación el tema de nuevo. Sentada en el comedor con sus amigas Dorothy y Henrietta, mamá comenzó a describir al hombre de la historia de su habitación con más detalle. Esta vez, eran tres hombres los que la cortejaban.

—Todos quieren salir conmigo —ella les dijo a sus sorprendidas amigas. Dorothy y Henrietta se reían como colegialas.

—¿Cuál quiere salir contigo? —preguntó Dorothy, mirando hacia el otro lado de la sala a los cuatro hombres que estaban sentados en otra mesa de comedor. Dos de los cuatro parecían estar dormidos en sus sillas de ruedas y los otros dos tenían la cabeza tan inclinada que su nariz casi se tocaba con el pecho.

—Todos ellos —mamá respondió—. Todos me desean.

—¡Ah! —Henrietta dio un chillido—. ¿Vas a salir con alguno de ellos?

—De ninguna manera —mamá dijo tajantemente—. Él desea que vaya a su casa con él y yo no soy ese tipo de chica.

—Bien, ¡yo sí! —dijo Dorothy emocionada, con los ojos saltarines.

Mamá miró a Dorothy con una mirada asesina, pero no respondió a su comentario. En cambio, ella subió la apuesta: «Ese hombre apuesto desea venir a mi casa, pero le dije que no».

Henrietta y Dorothy suspiraron soñadoramente como adolescentes enamoradas.

El concepto de «mi casa» era tanto bueno como malo para mamá. Yo me alegraba de que se estaba conformando con la idea de que de verdad vivía en su diminuta habitación, más pequeña que la mayoría de los cuartos modernos de hospital. La parte mala era que ya se había adueñado de la habitación, aunque tuviera una compañera de cuarto.

Naomi compartía la pequeña sala de estar con mamá. La habitación ya estaba abarrotada con dos camas, dos cómodas, dos bandejas plegables y dos mesillas; pero cuando estaban las sillas de rueda y las caminadoras de mamá y Naomi, se convirtió en una carrera de obstáculos casi insuperable. Sin embargo, colocamos algunos de los cuadros favoritos de mamá del departamento anterior en la residencia Manor, incluso el cuadro de Jesús con los brazos extendidos que habíamos colgado sobre la cama de mamá para calmar sus temores. La mala noticia era que, como muchos de los pacientes de demencia, ella se tornó obsesiva.

Un día, una enfermera me dijo que mamá y Naomi habían estado peleando, discutiendo fuerte y vehementemente.

—¿Por qué, qué sucede? —le pregunté.

—Parece que Naomi no le ha pagado renta a su mamá por utilizar parte de la habitación —la enfermera dijo sonriendo—. Naomi está viviendo en la casa de su mamá y ella desea que le pague la parte que le corresponde.

—Ay, no —gruñí—. Lo siento, hablaré con ella.

—No se preocupe —respondió la enfermera—, ya me ocupé del asunto.

—¿De verdad? —casi temí preguntar—: ¿Qué hizo?

—Le escribí un pagaré a su mamá y puse en él el nombre de Naomi. Ambas están bien ahora.

Otra catástrofe solucionada por una enfermera que comprendió que no se puede discutir con alguien que padece demencia, pero que a menudo se puede suavizar rápidamente la situación al cambiar el tema. Mamá, dichosamente para nosotros (y para Naomi), respondía bien a las tácticas de distracción.

Capítulo 27

. . . .

Es lo correcto

Doce de enero de 2010:

Una tontería sin sentido, así es como califico muchas de las conversaciones que se dan en las mesas de comedor de Grace. Me siento con mamá y hablo con ella de nada. No es que no hablemos de las noticias, ella finalmente supo el otro día que Estados Unidos eligió a un hombre negro como presidente. A menudo hablamos de deportes también. Ella continúa siendo fanática de los Acereros de Pittsburgh y le gusta el equipo de basquetbol Orlando Magic, porque recuerda vagamente haber asistido a los partidos de los Magic con los familiares. Pero la mayoría de las conversaciones giran en torno a problemas de Grace, la comida, la última ducha de mamá y desde luego, los otros residentes. Yo le hablo de mi horario y de lo que están haciendo los chicos, y a ella siempre le encanta escuchar acerca de ellos, pero no estoy seguro de que recuerde de quiénes estoy hablando, a menos que le enseñe una fotografía y diga: «Recuerdas a Kellee, ¿verdad?».

—Ah, sí, desde luego —yo sé que responderá—. ¡Cómo olvidarme de Kellee!

Pero ella la ha olvidado.

Sentado con mamá, bebí otro sorbo de café de otro vaso de espuma de poliestireno. Eso mantiene al café caliente durante más tiempo y francamente, los vasos de poliestireno me parece que están más limpios. Mientras le damos vueltas al café, a ninguno de nosotros nos preocupa beberlo en realidad, yo escucho a uno de los familiares de otro residente que está sentado en la mesa detrás de mí. Un sujeto bien parecido que supongo que tiene alrededor de cincuenta años, le está diciendo a su mamá acerca de las nuevas medidas de seguridad del aeropuerto que están vigentes desde el día de los bombardeos de la Navidad de 2009. Ella le sonríe débilmente, su cabeza casi toca su pecho. Apenas está consciente de que él está aquí, mucho menos acerca de los viajes internacionales. Pero él está intentando desesperadamente comunicarse con su madre, decirle algo interesante acerca de su vida y posiblemente de la antigua vida de ella, con la que puede conectarse. Yo reconozco sus frustraciones. Una tontería sin sentido. Monólogos que a leguas parecen como si fueran una pérdida colosal de tiempo. Pero posiblemente las conversaciones importen más de lo que podamos imaginarnos, estas mantienen a mamá conectada con este mundo, con su familia, con todo el significado que ella puede encontrar en su existencia diaria.

En una de las vacaciones de la universidad, mi hija Alyssa preguntó: «Papá, ¿cómo es que puedes hacer esto todos los días? Todos amamos a la abuela Minnie, pero es tan deprimente ir al asilo. ¿Cómo es que puedes continuar haciéndolo?».

Recuerdo haberle preguntado lo mismo a mi padre treinta años atrás. Cuando yo era joven, a menudo asistía con mi papá a visitar a mi tía Anna, su hermana, quien sufría de demencia y vivió sus últimos años en un asilo. El asilo estaba a aproximadamente treinta minutos, de manera que el viaje de ida y de regreso nos tomaba casi una hora, y si pasábamos una hora con la tía Anna, la rutina tomaba mucho tiempo de las horas de trabajo. No era una experiencia divertida; no obstante, mi papá iba a verla, día tras día, mes tras mes, año tras año. Las visitas eran muy similares, especialmente cuando la tía Anna perdió la capacidad de comunicarse verbalmente. Ella todavía nos sonreía y se reía sin razón aparente.

Cuando yo le pregunté a papá: «¿Cómo es que puedes hacer esto todos los días», él me miró como si estuviera hablando en un idioma extranjero.

Yo no estaba faltándole al respeto y deseaba sinceramente saber cómo era que mi papá podía mantener un régimen tan depresivo.

—¿Por qué molestarse? —pregunté—. Tómate algunos días de vacaciones. La tía Anna no sabrá si no vas un día u otro.

—No, pero yo sí sabré —respondió mi papá.

Ahora era mi turno. Le dije a Alyssa casi lo mismo que mi papá me dijo. «No visitamos a la abuela Minnie porque sea cómodo. Acudimos porque ella nos amó antes de que naciéramos y ahora es nuestro turno de expresarle amor incondicional a ella. Nosotros no acudimos porque sea algo fácil o divertido, lo hacemos porque es lo correcto».

Debido a que mamá descendía fácilmente las escaleras alfombradas de nuestro sótano en Navidad, cuando la llevé de Grace a nuestra casa en la Pascua, decidí firmemente hacer que mamá subiera las escaleras del sótano. Mi lógica fue impecable: con sus zapatillas deportivas, ella podría tener una mejor tracción en la alfombra, además de que había menos escalones que en la veranda frontal, y ella tenía un barandal más fuerte del cual asirse mientras subía. Fácil, ¿verdad?

Error. Después de luchar por subir cuatro o cinco escalones, ella estaba cansada y yo también. Como solíamos hacer cuando subíamos escaleras, yo permanecí a su lado, con un brazo alrededor de su cintura y el otro sosteniéndola fuertemente del brazo. Pero esta vez, nuestros mejores esfuerzos no estaban funcionando. Ella se detuvo a la mitad del camino y dijo: «No puedo hacerlo».

—Sí, tú puedes, mamá. Tienes que hacerlo, yo no puedo cargarte por las escaleras —Intenté pararme detrás de mamá en la escalera, sosteniéndola con una mano y colocando mi hombro bajo su trasero, empujándola. Pero eso lo hizo todavía más inestable y en un momento aterrador, pensé que ambos nos caeríamos hacia atrás por las escaleras.

Finalmente, llamé a Lisa. Tan pronto como Lisa llegó a las escaleras, ella supo que estábamos en grandes problemas. Bajó corriendo las escaleras y colocó sus manos bajo el fuerte cinto de maletas que había envuelto alrededor de la cintura de mamá, antes de intentar subirla. Yo había visto que los técnicos de la rehabilitación controlaban los movimientos de mamá utilizando un cinto alrededor de su cintura para darles un punto de donde asirla rápidamente si comenzaba a caerse. Pensé que podría hacer lo mismo. Lo que no pensé fue en el efecto de «peso muerto» que mamá producía al no poder moverse hacia un lado u otro, hacia arriba o hacia abajo de las escaleras. Estábamos atorados.

Con la ayuda de Lisa, quien la estaba jalando hacia delante, mientras mamá se sostenía de la barandilla, yo la empujé, la jalé y la animé a subir las escaleras. Nos tomó alrededor de veinte minutos subir veinte escalones y cuando llegamos a la cima, mamá ya no podía caminar ni un paso más. Mientras yo sostenía a mamá para evitar que se resbalara en el suelo, Lisa corrió para jalar una silla, la colocó debajo de mamá y ella se desplomó sobre la silla justo en la entrada del sótano. Le dimos un poco de agua y la dejamos descansar durante algunos minutos, antes de intentar llevarla a otro lugar.

Yo estaba comenzando a preguntarme si la idea de llevar a mamá para la fiesta era algo disparatado. Esta Pascua sería la última que estaríamos juntos en nuestra casa, de eso estaba seguro. Un dolor nuevo horadó mi corazón y mi mente, sabiendo cuánto le gustaba a mamá celebrar la resurrección de su Señor Jesucristo. A ella le encantaba tocar los himnos de Pascua, tales como «Porque Él vive»[1], «La tumba le encerró»[2], «A solas al huerto yo voy»[3], entre otras. Yo había instalado un teclado portátil para que mamá tocara y lo habíamos colocado cerca de una mesa, para que pudiera tocar y al mismo tiempo participar en las conversaciones. Ella disfrutó tocar y cantar algunos de esos himnos conmigo antes de que llegaran las visitas.

Mamá se orinó varias veces durante la cena de Pascua. Pocos olores son más rancios que las orinas de un adulto y, además de mojarse toda, de alguna manera mamá no acertó en el cómodo y salpicó orinas en todo nuestro baño que se encontraba justo al lado de la cocina. El olor era horrible. Lisa limpió el desastre de rodillas con las manos, pero el olor superó todos sus esfuerzos. Los aromatizantes para ambientes y las velas perfumadas fueron insuficientes para opacar el olor. Solamente el tiempo y un poco más de limpieza ayudaron.

Más tarde ese día, nuestros vecinos Lee y Kim Greenwood nos visitaron para desearles a todos felices Pascuas. Mamá ya no reconocía a los Greenwood. Aunque intentamos llevar la conversación, ella interrumpió varias veces: «Ken, ya estoy lista para irme a casa».

—De acuerdo, mamá. Solamente unos minutos más —yo respondí—. Ahora estamos hablando.

—Estoy cansada y deseo marcharme a casa —mamá repitió. No tenía sentido continuar la conversación, de manera que me disculpé con nuestros invitados y le ayudé a mamá a bajar las escaleras, esta vez las escaleras principales, hacia mi coche. Ella lucía exhausta. Cuando regresamos a Grace, yo conseguí una silla de ruedas y llevé a mamá a su habitación, donde los técnicos la ayudaron a quitarse la ropa y la metieron a la cama. Todavía no eran las 5:00 p.m., pero ella ya estaba lista para dormir.

—Gracias, Ken —ella dijo quejándose, mientras yo me preparaba para orar con ella antes de marcharme—. Disculpa por molestarte, pero me alegra estar en casa.

Los sábados por la tarde, cuando yo visitaba a mamá, a menudo le pedía que orara por mí, ya que yo les daba clase dominical a aproximadamente doscientas personas. En la primavera de 2010, yo estaba enseñando Apocalipsis, un libro que le promete una bendición a todo aquel que lo lea y preste atención a sus palabras; pero no era una tarea fácil de enseñanza. Sentados a un lado y al otro en la cama de mamá, ella vestida con su camisón de algodón, ya en la cama, yo comencé a leer en voz alta el pasaje que describe la segunda venida de Cristo. Mamá escuchó con atención mientras yo leía. Cuando terminé, ella me miró con lágrimas en los ojos y dijo: «¡Eso será increíble, cuando veamos a Jesús!». Su mano se sacudió ligeramente al frente. Parecía como si estuviera viendo el futuro.

Las palabras se atoraron en mi garganta, pero logré decir: «Seguramente lo será, mamá. ¡Qué día será ese!».

Casi en seguida, ella comenzó a cantar una vieja canción góspel: «Oh, qué día será, cuando Cristo vuelva...».

Yo me le uní, cantando suavemente con ella y su voz se tornaba contralto, haciendo armonía conmigo mientras cantábamos: «Cuando vea el rostro de aquel que por gracia me salvó...»[4]. Cantamos toda la canción y mamá no se equivocó en una sola palabra ni nota. Qué día, qué día tan glorioso será.

Capítulo 28

El niño que llevamos
dentro

Mamá y yo establecimos una nueva rutina en mayo de 2010. Yo la llevaba todas las tardes a la puerta principal del asilo para que pudiera despedirse de mí por la ventana cuando me detenía en el estacionamiento. Yo llevaba el coche lo más cerca que podía de la puerta y bajaba la ventana, para que pudiera saludarla y ella se sentaba en su silla de ruedas, apretando los dedos y las manos, saludándome como lo haría una niña pequeña, sonriendo de oreja a oreja. Ella se inclinaba en su silla de ruedas, tratando de verme. Continuaba saludando hasta que me marchaba en mi coche.

En varias ocasiones, mientras yo partía de Grace, el rostro de mamá se pegaba a la ventana y mis ojos se nublaban. Las lágrimas caían por mi rostro mientras me alejaba. Me recordaba a mí mismo que ella se encontraba en un buen lugar, que estaba segura y bien cuidada.

En esas ocasiones yo oraba: «¿Por qué, Dios? ¿Por qué continúa ella aquí?». Yo no tenía prisa de que se fuera, pero ella estaba lista para irse al cielo. Ella y yo a menudo hablábamos del día en que las nubes se dispersarían y veríamos a Jesús. Ella no temía morir. Sin embargo, estaba aburrida en Grace y se sentía inútil. Yo le llevé el manuscrito de un libro para que lo corrigiera, como lo había hecho muchas veces antes. Pensé que posiblemente ver el libro le provocaría recuerdos del trabajo. No sucedió. En cambio, la invadía una sensación de inutilidad.

—Simplemente no sé lo que tengo que estar haciendo aquí —me decía mamá una y otra vez—. Deseo salir de este lugar.

—Pero es un lugar lindo, mamá.

—Sí, es lindo. Pero, ¿por qué estoy aquí? ¿Qué se supone que debo de hacer? —preguntas difíciles para las que yo tenía pocas respuestas.

—Se supone que debes amar a la gente y hablarles de Jesús —yo la animaba. Ella sonreía y asentía. Aun con la demencia, ella continuaba preocupándose por las demás personas.

En el fin de semana del Día de las madres, Lisa y yo llevamos a mamá a un restaurante antiguo de «cocina sureña».

—No tengo hambre —dijo mamá mientras la ayudábamos a entrar—. ¡Mi estómago está tan lleno!

—Está bien —respondí—, puedes entrar con nosotros de todas formas, porque yo tengo hambre. —Yo sabía que mamá ni siquiera recordaba si había comido o no y, además, una vez que nos sentáramos, su apetito regresaría rápidamente.

Ordenamos pollo frito sureño, puré de papas, judías verdes y zanahorias; y de postre disfrutamos una tarta de crema de coco, con merengue encima, tal como a mamá le gustaba prepararlo. Ella comió cada bocado. Nada mal para haber estado llena.

Aunque tratara de hacer conversaciones frescas, estas se hicieron cada vez más viejas y repetitivas. Pero el Día de las madres, nuestra hija y nuestro yerno nos dieron algo nuevo de qué hablar. «Mamá, adivina qué Megan y Keith tendrán un bebé».

—¡Ah, eso es grandioso! —respondió mamá. Sus ojos se iluminaban cada vez que hablábamos del bebé que crecía en el vientre de Megan. Pero nuestro gozo se tornó en desilusión cuando Lisa y yo le mostramos a mamá las fotografías de embarazada de Megan y su esposo, Keith, y no los reconoció.

Sin embargo, yo le recordaba frecuentemente de nuestro nieto que nacería pronto y mamá se emocionaba como si fuera la primera vez que escuchaba la noticia. Era un tanto amargo ver la respuesta eufórica de mamá cada vez que le compartía que Megan y Keith tendrían un bebé. A mí me alegraba darle momentos de gozo, pero me entristecía la evidente verdad de que ya no recordaba que habíamos hablado lo mismo días antes. Grace había añadido un patio cerrado con todo y mecedoras, mesas campestres y un área cubierta con una gran provisión de mobiliario de exteriores para los invitados; de modo que yo llevaba a mi mamá afuera para sentarnos y aprovechar el sol cada vez que podíamos. Yo tenía que cuidar que no le diera mucho sol, ya que su piel ahora estaba pálida y seca. No obstante, a mamá le encantaba sentarse afuera.

Ella estaba convencida de que John, Tink y yo le habíamos construido el patio, como una ampliación de su casa. Resultaba inútil intentar corregirla, de manera que simplemente tomaba el crédito por el patio y les transmitía a mis hermanos las felicitaciones por su fino trabajo. Mamá estaba particularmente preocupada por tener que dejar el mobiliario de jardín afuera en la noche, especialmente las sillas con cojines rojo y negro. «Puede llover —ella comentaba— o alguien puede entrar y robarse los cojines».

Ella también se adueñó de la planta de tomate que alguien había plantado en una maceta del patio. Todos los días, yo llevaba su silla a la maceta para que ella pudiera observar el progreso. Ella se emocionaba al ver los pequeños brotes amarillos que pronto se convertirían en tomates. Contaba los tomates y los brotes cada vez que salíamos.

Siempre era bueno sacar a mamá cuando era posible, tomar algo de aire fresco y el sol, pero más importante aun era cambiar de escenario. Aunque mucho cambio puede resultar estresante para una persona con demencia, permanecer dentro del pasillo del asilo puede resultar muy deprimente. Mi corazón siempre se quebrantaba cuando llegaba tarde y encontraba a mamá simplemente sentada en una silla de ruedas mirando a la gente que pasaba por el pasillo. Era difícil creer que dos años atrás ella estaba caminando y disfrutando su vida. Creo que yo sabía que era posible que ella se convirtiera en una «persona del pasillo», pero esperaba que no sucediera tan pronto.

Aunque mantener una rutina familiar se hace cada vez más importante a medida que la demencia le cobra la factura a una persona y desviarse de la norma algunas veces puede provocar reacciones adversas, mamá continuaba disfrutando alejarse de Grace y salir con nosotros cuando era posible. Un lugar favorito era un restaurante de Chick-fil-A, que estaba a unas cuantas millas. Aunque a ella le encantaban los emparedados de pollo y el helado, especialmente apreciaba que el restaurante no estuviera abierto los domingos. Ni siquiera la demencia restaba la reverencia que mamá sentía por el Sabbat.

El restaurante local tenía una grande botarga vestida de la vaca «Come más pollo» de Chick-fil-A, la cual bailaba y jugaba con los niños, y a mamá le encantaba. Cada vez que yo mencionaba Chick-fil-A, mamá respondía: «El lugar de la vaca». Por alguna razón, esa vaca danzarina había dejado una impresión en mamá. Incluso cuando su memoria ya se había desvanecido, en el momento en que yo mencionaba a la vaca, ella sonreía y guiñaba los ojos como un niño que desea que pase por el vecindario el camión de los helados.

La bebé de Megan y de Keith, Stella Pearl, nació el 3 de octubre de 2010, unos días antes del octogésimo octavo cumpleaños de mamá. Yo le tomé fotos a Stella para que mamá las viera. «Mamá, ¡eres bisabuela!», le informé.

—¡Lo sé! —mamá respondió sin dudar.

—No, mamá. Me refiero a que tu nieta Megan acaba de tener una bebé, de manera que ahora eres bisabuela.

Mamá no lo captó. «Sí, ¡ya sé! —ella repitió. Sin embargo, no estaba emocionada de ver las fotografías de Stella—. Es mejor que todavía no cargue a la bebé —ella me dijo».

—No, vamos a ir a ver a Megan y a Keith en una o dos semanas, para ver a la bebé —le dije—. Probablemente no sea buena idea que la traiga, porque hay algunas personas enfermas aquí.

—¿Personas enfermas? —preguntó mamá.

Yo asentí.

—¡Dímelo a mí! —mamá reconoció.

Megan, Lisa y yo llevamos a Stella Pearl a Grace para la celebración de Día de Gracias de los residentes, una cena con todo y pavo, aunque gran parte de la comida estaba machacada y era tan suave como fuera posible. Mamá estaba teniendo un mal día y no deseó salir de la cama, pero cuando coloqué a Stella en sus brazos, ella se irguió. Sus ojos se le iluminaron y en su rostro se dibujó una sonrisa perpetua y adorable. A ella le encantó cargar a Stella, quien tenía siete semanas.

Nos dirigimos a la sala de actividades que estaba decorada con motivos de la siega de otoño y rememoraciones de peregrinos. Grace proporcionó una cena encantadora, pero mamá no estaba interesada en comer. Ella tenía sostenida a Stella y arrulló a la bebé en sus brazos durante toda la comida. Yo finalmente averigüé la manera de hacer comer a mamá. «Megan tiene que alimentar a la bebé, mamá, así que anda, ve tú a comer», la engañé. Mamá sonrió y a regañadientes le permitió a Megan tomarle a Stella.

Ver a mamá responder tan positivamente hacia la nueva miembro de nuestra familia era tremendamente alentador. Ella todavía tenía mucho amor para dar.

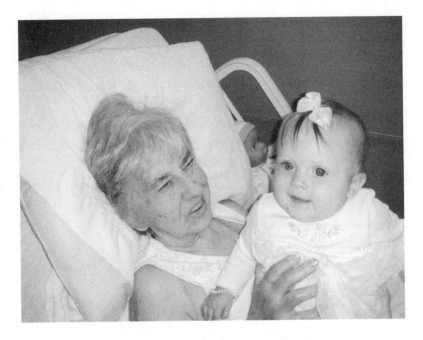

«Eres una gran bisabuela, mamá». «¡Lo sé!».

Treinta de noviembre de 2010:

Mamá recientemente comenzó a llamarme «papá» en las conversaciones. Ella solía referirse a mi padre como «papá», para decir, por ejemplo: «Oye, papi, ¿en dónde has estado?».

Ahora ella me confunde frecuentemente con mi papá. «Ven, siéntate en la cama aquí, papá», dice ella.

Yo no me molesto en corregirla.

Capítulo 29
· ·

Cuesta abajo

El día después del Día de Acción de Gracias, recibimos una llamada de Grace diciendo que estaban llevando a mamá al hospital para recibir antibióticos vía intravenosa. Aparentemente el pie de mamá había estado doliéndole y se había puesto de colores, por lo que una de las enfermeras temía que estuviera infectado. Toda la situación sonaba tan rutinaria que yo no pude haberme imaginado la pesadilla que mamá estaba a punto de sufrir.

A principios de esta semana se estaba quejando de su pie, pero mamá a menudo hablaba de dolores reales o imaginarios, así que yo no le ponía mucha atención cuando mencionaba otro dolor. Además, yo sabía que ella tenía una placa de metal en su tobillo y el clima frío o húmedo, a menudo la afectaba. Aun así, yo les mencioné la incomodidad de mamá a varias enfermeras de Grace.

—Vamos a decirle al doctor D'Amico que la revise el martes cuando venga —me aseguró la enfermera Judy.

Al martes, el pequeño dedo del pie izquierdo de mamá se estaba enrojeciendo. Al jueves, yo recogí a mamá y la llevé a nuestra casa para el Día de Acción de Gracias. Ella subió con dificultad las escaleras de nuestra casa, incluso con la ayuda de mi yerno, Keith, y yo. Ella entonces se sentó para la cena, pero cuando llegó el tiempo de bajar las escaleras, ella se rehusó: «No puedo hacerlo, Ken». Claramente sentía dolor.

Tres de los hombres que nos acompañaban en casa para el Día de Gracias y yo, colocamos a mamá en una silla, la levantamos y la cargamos de las escaleras principales al coche. Ella nos agradeció a cada uno, una y otra vez. «Simplemente no podía bajar esas escaleras esta noche —decía ella—. Mi pie de verdad me está molestando».

Yo asumí que ella estaba exagerando, pero el viernes, el pie de mamá se tornó morado. Fue cuando las enfermeras de Grace la enviaron para la terapia intravenosa. Para cuando llegó la ambulancia y la llevó a la sala de emergencias, su dedo ya estaba negro. La gangrena lo había invadido y estaba causando estragos en su dedo, amenazando todo su pie.

Lisa alcanzó a mamá en la sala de emergencias y fue la primera en ver el dedo. El médico de la sala de emergencias dijo: «Necesitamos hacerle algunos estudios y subirla a piso inmediatamente para asegurarnos de que la gangrena no se encuentra en su flujo sanguíneo. Esto no luce bien».

Cuando yo llegué al hospital y vi el pie de mamá, me quedé paralizado. Su pie parecía como un cigarrillo que ya se había apagado, estaba negro, carbonizado y con un olor fétido. Todo el cuarto hedía a gangrena rancia.

—¿Cómo es posible que algo así suceda? ¿Y por qué nadie se dio cuenta de esto antes? —Yo tenía muchas preguntas, pero recibí pocas respuestas.

Mientras mamá estaba sedada el viernes en la tarde, yo hablé con sus médicos, uno de ellos especialista en circulación y otro un cirujano/podiatra, y el tercero, el doctor D'Amico. El hombre de la circulación era un cirujano joven que hablaba rápidamente y se inclinaba hacia lo negativo.

—Es posible que salvemos su pierna —me dijo—. Pero tal vez no. Depende de lo que encontremos cuando lleguemos ahí y revisemos sus venas y sus arterias. Ahora, no parece que le esté llegando sangre a los dedos. Uno de ellos ya se fue, está muerto. Tenemos que extraerlo. Es posible que los otros también tengan que irse —el médico continuó con su diagnóstico funesto—. Si no parece que el dedo esté sano, es posible que continuemos y le cortemos la pierna a partir de la rodilla y le coloquemos una prótesis.

—Espere un minuto —grité—. Es mi mamá de la que está hablando. No es un pedazo de carne que usted puede cortar en un bonche de pedazos. —En ese momento yo ni siquiera estaba considerando que le quitaran la pierna.

Contuve mi lengua en lugar de protestar, dije: «Doctor, ¿le importaría decirle esto al doctor D'Amico, el médico geriatra de mi madre? Él ha estado trabajando de cerca con ella en este año y puede darle una mejor visión de lo que ella podría vencer físicamente».

—Seguro —respondió el médico—. Yo conozco muy bien al doctor D. Y hemos trabajado juntos con varios pacientes.

El segundo médico tenía un mejor trato de cabecera. Él me explicó el problema. La circulación de mamá era tan pobre que apenas podía sentir el pulso en su tobillo y probablemente había arterias o venas tapadas que no estaban permitiendo que la sangre le llegara al pie. El dedo ya no servía, pero con esperanza, si el médico hermodinamista podía practicarle una angioplastia y despejar cualquier mugre con sus globos mágicos en sus arterias, mamá podría conservar su pie. Si no, bien, tendríamos que tomar algunas decisiones difíciles.

El doctor D'Amico me animó y me dijo que los dos cirujanos eran muy hábiles. Ellos no harían más de lo necesario, pero tampoco harían menos, asumiendo que yo daría permiso para la operación.

Ya que yo poseía poder notarial, había firmado mi consentimiento para que el cirujano removiera el dedo de mamá. Sentí como cuando llevaba a mis hijas a que las vacunaran. Ellas me miraban con tanto amor y confianza, y entonces las llevaba al consultorio del médico donde les encajaban una aguja. Papá malo. Desde luego era por su propio bien y firmar los papeles del cirujano para quitarle el dedo a mamá era por su propio bien también. Pero yo detesté firmar ese papel.

El sábado por la mañana, mamá se encontraba en su cuarto de hospital cuando yo llegué, ella no tenía idea de que estaba a punto de encontrarse con la primera de tres cirugías. Ella todavía no sabía qué sucedía. «Creo que me rompí el dedo», me dijo cuando le pregunté qué había hecho y cómo se había herido.

Yo esperé en el cuarto del hospital con mamá, hasta que los camilleros la llevaron por las escaleras para comenzar la cirugía. «Estaré aquí cuando regreses», le dije. Me sentí como un traidor. Ellos estaban hablando de cortarle el dedo y yo no deseaba que su corazón sintiera temor, de manera que no le dije. O posiblemente yo era quien tenía miedo, no mamá.

El cirujano me había dicho la noche anterior que el procedimiento duraría varias horas, de manera que mientras esperaba que mamá regresara, me fui a la cafetería. Cuando sonó mi teléfono, me sorprendió ver el número del médico.

—Ken, estamos dentro del pie de su mamá —dijo— y el segundo dedo parece estar infectado también. Podemos arriesgarnos a que después de que removamos el dedo muerto, el siguiente pueda regresar, pero no luce bien. Si no lidiamos con eso ahora, posiblemente tenga que regresarla en unos días para quitarle el segundo dedo. A su edad, eso puede ser riesgoso. Yo opino que probablemente debamos quitarle ahora el segundo dedo y darle al pie una oportunidad de sobrevivir, pero deseaba informarle a usted primero.

Con gran renuencia, le di permiso al médico de que no solo le quitara a mamá uno de sus dedos, sino dos. Las cosas se estaban tornando feas.

Horas más tarde, mamá se encontraba en la sala de recuperación del hospital, la cual era un área grande y abierta, donde los pacientes se veían claramente entre sí. Una docena o más de pacientes podían estar en la sala de recuperación en un momento dado, todos conectados con monitores e intravenosas. Cuando mamá salió de la sala de recuperación, ella estaba sorprendentemente lúcida. Yo temía que anestesiarla le ocasionara problemas, pero ella volvió en sí rápidamente. Ella no parecía estar al tanto de lo que había sucedido, de manera que le pregunté: «¿Cómo te fue allá?».

—Ah, bien —respondió ella—. Yo solo estaba orando por todos los enfermos de la sala.

Suavemente removí la sábana de los pies de mamá y la sostuve arriba bloqueando la vista, de manera que yo pudiera ver el área de la cirugía, pero ella no. Cuando vi el pie de mamá, yo deseaba llorar. Estaba vendado y continuaba saliéndole sangre, pero era claro que le faltaban dos dedos de su pie derecho. Inmediatamente recordé cuando meses antes estaba tocando el piano, utilizando sus dedos para presionar los pedales. Yo sabía que ella podía aprender a moverse con tres dedos, pero rechazaba la idea de que tuviera que hacerlo.

Se programó una segunda cirugía para dos días después, una angioplastia para ver si los médicos podían limpiar una arteria y hacer que la sangre fluyera a su pie. Ellos comenzaron en la parte superior de su muslo hacia abajo, haciendo que la sangre buena fluyera. Pero cuando llegaron al área del pie, todo estaba tapado excepto una arteria. El cirujano dijo que no podía atravesar la arteria, porque no había nada sano con qué conectarse una vez que lo hiciera.

Los cirujanos le practicaron una angioplastia coronaria para limpiar las arterias de mamá lo mejor que pudieron y ahora no había mucho que hacer, mas que esperar que el flujo sanguíneo fuera suficiente para salvar los dedos restantes.

No lo fue.

En dos días, los médicos dijeron que el tercer dedo y una sección del arco de su pie necesitaban ser removidos. Una vez más ella sería anestesiada, lo cual nunca es un procedimiento seguro, pero especialmente angustioso para una persona de ochenta y ocho años, quien padecía demencia y tomaba Coumadín.

Esta vez, cuando salieron los camilleros para llevarse a mamá a la cirugía, debido a su demencia, ellos me preguntaron si podía acompañarlos para responder cualquier pregunta que tuvieran mientras hacían el trabajo de preparación. A mí me dio gusto y permanecí con ella durante casi una hora en la fresca sala de espera que funcionaba como cuarto de preparación, porque el hospital estaba muy lleno. Finalmente llegaron las enfermeras y nos dijeron que era tiempo de marcharnos. Yo oré con ella antes de irme.

—Te amo, mamá —dije mientras apretaba su mano que estaba tan fría como el hielo—. Te veré arriba en un rato.

—De acuerdo —ella murmuró—. Asegúrate de comer algo.

La operación pareció resultar exitosa, así que el día siguiente, mientras mamá continuaba recuperándose en el hospital, Lisa y yo nos arriesgamos a salir el tiempo suficiente para asistir a la graduación universitaria de nuestra hija mediana, Ashleigh, quien se estaba graduando un semestre antes para poder participar como maestra en un programa de «Inglés como segundo idioma», en Egipto. Después de la ceremonia, Ahsleigh, vistiendo todavía su capa y su toga, me acompañó a visitar a la abuela Minnie al hospital. Mamá había estado taciturna y letárgica, comiendo muy poco y moviéndose con gran dificultad; pero ella sonrió de oreja a oreja en el momento en que vio a Ashleigh. Ella estaba emocionada de saber que su nieta se había graduado.

—¿Ahora qué vas a hacer? —preguntó mamá.

—Estoy planeando ir a Egipto a enseñar inglés a niños pequeños —respondió Ashleigh.

—¿Egipto? —preguntó mamá horrorizada—. ¿Por qué Egipto?

—Bien, ya sabes, está cerca de Siria —respondió Ashleigh—. Y ese es nuestro trasfondo étnico.

—Ah, bien, entonces está bien —dijo mamá.

Capítulo 30
. . . .

El regreso a Grace

Después de permanecer diez días en el hospital apenas comiendo un poco, mamá fue dada de alta, con órdenes estrictas de que su pie fuera limpiado y vendado todos los días para evitar infecciones. Las enfermeras y el personal de Grace le dieron la bienvenida a mamá y ella respondió bien a su interacción personal. Su pie lucía patético, pero sus ánimos se elevaron una vez que regresó a los rostros familiares.

En enero, a poco más de un mes de la cirugía, mamá estaba siendo transferida de su cama a la silla de ruedas, cuando se paró sobre el dedo gordo del pie derecho, el mismo pie del que los médicos habían amputado ya tres dedos y una grande sección de la forma de una rebanada de queso. Mamá se arrancó la uña del dedo por completo, llevándose carne con ella. Debido a los anticoagulantes, ella comenzó a sangrar profusamente. Llamaron a las enfermeras y ellas trataron la herida, pero ese fue otro paso cuesta abajo para mamá.

Para cuando llegué allá, su pie estaba vendado y ella estaba sentada en una mesa del comedor, sola. Su charola de comida estaba frente a ella, pero no había comido. Yo la animé a comer, pero ella rechazó todos los intentos.

Esa misma mañana yo me había encontrado con el doctor D'Amico en el correo. Hablamos brevemente acerca del dedo de mamá y de su condición debilitadora. Él dijo que deseaba llevarla a «Cuidados Paliativos», un plan en el que el asilo no la enviaría al hospital por cualquier cosa, sino la tratarían justo ahí en Grace. Eso no me parecía tan diferente a lo que ya estaban haciendo, pero le dije que lo consideraría. Entonces, el médico me dijo: «Su madre no está bien. Estoy preocupado de que no esté comiendo. Creo que nos quedan solo unos seis meses».

Sus palabras me dejaron anonadado al principio, pero inmediatamente supe a qué se refería y posiblemente lo que más me sorprendió fue mi propia aquiescencia a su pronóstico. Yo asentí y dije: «Sí, comprendo».

La tristeza me invadió. Desde luego, desde el día en que mamá entró en Grace yo supe que probablemente moriría ahí. Todos lo comprendimos. Ella no mejoraría, simplemente era cuestión de tener el mejor cuidado que pudiéramos durante sus años finales. Mantenerla cómoda, segura, bien alimentada, con cuidados médicos como lo necesitaba. Ese era el plan. Pero ahora, el médico estaba prediciendo su fallecimiento.

¿Seis meses? ¿Entendí bien? ¿De verdad? ¿Entendí que estaba hablando acerca de la muerte de mamá? Yo no deseaba aceptarlo.

Más tarde ese mismo día, mientras visitaba a mamá, llevé su silla de ruedas hacia el piano para que pudiera tocar. «No intentes utilizar los pedales», le advertí, asegurándome que la silla estuviera lo suficientemente lejos para que no pudiera alcanzar los pedales. Lo último que ella necesitaba era abrir la piel del dedo que se estaba sanando.

Al principio ella no deseaba tocar. «Estoy muy cansada —dijo apenas susurrando—. No puedo recordar».

—Sí puedes, mamá —la animé—. Intentemos tocar solo una o dos canciones. Yo canto y tú tocas.

Canté algunas líneas de «Sublime gracia», ella no se movió. Eso fue al principio. Ella siempre tocaba al cantar, incluso si no cantaba. Yo coloqué mis manos en el teclado y, aunque no toco muy bien el piano, me supe algunos acordes, suficiente para tocar el coro de una canción que a ella le encantaba: «Quiero ser como Cristo»[1]. Yo tocaba con un dedo a la vez mientras cantaba con mi muy limitada entonación. «Ser como Cristo, ser como Cristo... A través de las pruebas de la vida, de la Tierra al cielo, todo lo que pido es ser como Él».

Sentado en el piano, volteé las páginas de un himnario. A ella se le dificultaba mucho recordar los antiguos himnos que normalmente había podido tocar sin leer las partituras. Encontré algunos de los favoritos de mamá: «Grato es decir la historia»[2] y «La hermosa visión de la cruz»[3], y luego encontré una canción llamada «La última milla del camino»[4]. Coloqué el himnario sobre el piano y señalé la partitura.

Una vez, cuando estaba lúcida, mamá me había dicho que deseaba que cantáramos esa canción en su funeral.

Diecisiete de enero de 2011:

«No pude ir a la tumba de papá hoy», me dijo mamá tristemente. Ella no ha ido a su tumba durante más de diez años.

Ella hablaba mucho acerca de su hermano, Jim, y expresaba cuan preocupada estaba por su salvación eterna. Ella cuidó al tío Jim cuando estuvo enfermo, antes de tener que internarlo en un asilo. Mamá detestaba tener que confiar en otras personas para que lo cuidaran. Sentía que era su responsabilidad. Y lo hizo mientras le fue posible. Ahora es mi turno emular su papel.

A mediados de enero, mamá tuvo una cita de seguimiento con sus cirujanos. El médico desenvolvió el pie de mamá y comenzó a descarapelar la piel para que pudiera sangrar. «La salud está en la sangre —dijo ella, mirándome. Mamá lo soportó hasta que el cirujano comenzó a cortar la piel muerta del área de su pie, donde el hueso estaba completamente expuesto—. Ay, doctor, por favor —gritó ella».

—Toma mi mano, mamá —dije— y apriétala tanto como puedas. —Ella lo intentó, pero su fuerza era muy poca y el escalpelo del médico estaba demasiado afilado.

—¿Qué piensa acerca de esos Acereros? —preguntó el cirujano, sabiendo que mamá venía del área de Pittsburgh —¿Qué opina de Polamalu?

—Él es genial, ¿no, mamá? —le apreté la mano mientras hablaba—. Oye, ¿te acuerdas de cuando yo tenía el cabello tan largo y espeso como el suyo?

El cirujano estaba literalmente sentado en el piso, cortando la piel muerta del área abierta de la herida. «Ay», exclamó mamá. Pero luego, en lugar de gritar de dolor dijo: «¡Ay, Ken, no me hagas reír!».

Yo estallé en risa, mamá también y todos nos relajamos. «De acuerdo, mamá. Guardaré silencio». El médico continuó quitando el tejido muerto del pie de mamá, para que la piel sana pudiera crecer. Cuando terminó y vendó de nuevo el pie, mamá casi se había quedado dormida en la silla. El médico y yo entramos en el extraño terreno sombrío de la demencia, el estado de hablar acerca del paciente como si no estuviera en la habitación.

—¿Cuánto tiempo cree que tomará para que sane? —pregunté, asintiendo a lo que parecía como un pedazo sangriento de la carne de una carnicería: el desastre que había estado en el pie de mamá.

—Con el flujo sanguíneo bajo y al no comer lo suficiente para nutrir el área herida, posiblemente tome hasta un año —explicó el cirujano.

—¿Un año? —Mi mente regresó a una conversación reciente que había tenido con el doctor D'Amico, en la que dijo que pensaba que mamá tenía a lo mucho seis meses de vida.

—Posiblemente deba considerar que le podríamos quitar más de la pierna, amputaríamos hasta la rodilla —sugirió el médico—. Ahí es donde la pierna tiene tres arterias que recorren la sangre.

A pesar de las funestas predicciones de los médicos, para la primavera, los ánimos de mamá se habían elevado y ella permanecía animada y positiva.

—Hola, señora Minnie. ¿Cómo está hoy? —le preguntó una enfermera del personal.

—¡Nunca había estado mejor! —ella respondió.

Nunca había estado mejor. Mientras su existencia estaba confinada a una cama o a una silla de ruedas, con tres de sus dedos y un tercio de su pie amputados, sin su memoria y con un cuerpo que la traicionaba en todos los niveles, mamá tenía la audacia de declarar que «Nunca había estado mejor».

Eso es fe.

Capítulo 31

No encuentro mis dedos

Mamá a menudo se sentaba en el pasillo, mirando pasar a las enfermeras y a los visitantes. Cuando me veía caminando por el pasillo, su rostro se iluminaba y sonreía. «¡Oye! ¿En dónde has estado?».

—Ah, solo he estado trabajando. ¿Cómo te sientes? —yo preguntaba.

—Me siento bien —mamá decía enfáticamente—. ¡Y también luzco bien!

En abril nos encontrábamos en el patio, mamá sentada en su silla de ruedas y yo en la banca de la mesa campestre, disfrutando el sol de primavera, cuando mamá percibió algo inusual en su pie derecho. «No encuentro mis dedos», dijo quejándose.

Esta fue la primera declaración directa que indicaba que ella no estaba consciente de que tres dedos y un tercio o más de su pie ya no estaban. Yo no estaba seguro de cómo responder, de manera que, como lo hacía a menudo con mamá, intenté la versión alegre. «Ah, no te preocupes, mamá. Los encontraremos más tarde».

Ella me miró y luego miró su pie en forma de cuña del que salían dos dedos por debajo de las vendas. «Sí, probablemente estén por ahí», dijo ella.

Ese día más tarde, recibí una llamada de Grace pidiéndome permiso para dejar que mamá durmiera en una habitación diferente esa noche. Naomi, su compañera de cuarto desde el día en que mamá llegó a Grace, no se estaba sintiendo bien y era muy probable que no sobreviviera a la noche. La trabajadora social pensó que sería más fácil, tanto para la familia de mamá como para la de Naomi, que mamá no estuviera ahí cuando Naomí falleciera. Yo acepté.

Esa noche, mamá durmió en otra habitación al fondo del pasillo y temprano por la mañana, Naomi pasó a la eternidad. Yo no sabía cómo decirle a mamá o si siquiera debía de hacerlo. Sabía que ella amaba a Naomi y que ella la cuidaba; sin embargo, la realidad era que si yo no decía nada de Naomi, era posible que mamá ni siquiera se diera cuenta de que ya no estaba. Su amistad con Naomi residía en un banco de memoria de corto plazo.

Decidí esperar uno o dos días, para ver si mamá observaba que Naomi ya no estaba.

Ella nunca más la mencionó.

Cosa rara, mamá sí se acordaba de Amy Grant. La mamá de Amy, Gloria Grant, había fallecido unos días antes de las Pascuas ese mismo año. Ella tenía ochenta años de edad y había sufrido de demencia en los últimos años de su vida. En el funeral, Amy compartió una historia conmovedora que me resonó. Al final de una visita a su madre, al lado de la cama, Amy dijo: «Tengo que marcharme ahora, mamá. Cantaré en un concierto esta noche».

La mamá de Amy la miró y preguntó: «Ah, Amy, ¿cantas?».

—Sí, mamá, canto un poco.

—Ah, bien —respondió su mamá—. Amy, canta acerca de lo que importa.

Cuando le dije a mi mamá que la madre de Amy había fallecido, ella se conmovió profundamente. «Ah, eso está muy mal. Por favor, dile a Amy que lo siento. —Luego, casi sin reparo, mientras continuaba sentada en su silla de ruedas, mamá dijo—: Necesito salir y enviarle una tarjeta de pésame.

Como todos los días feriados recientes, el Día de las madres de 2011 fue difícil. A mamá le arreglaron el cabello y le pusieron un atuendo atractivo, sentada en su silla en el pasillo. Ella no se había percatado de que yo había entrado, hasta que le besé la mejilla. Nos sentamos afuera del patio y llamé a mis hermanos para que le pudieran desear un feliz Día de las madres y recordar las celebraciones pasadas. A mí me dolía que, en muchas maneras, nuestra madre había desaparecido y yo la extrañaba.

Al día siguiente estuvimos a 88 grados Farenheit, de manera que llevé afuera a mamá a tomar sol. La serotonina le caía bien. Nos sentamos un rato en el área del patio, pero comenzó a hacer demasiado calor, de modo que la llevé al edificio para que disfrutara la vista del parque. En un momento, ella se dio cuenta de que yo me estaba esforzando un poco para empujar la silla de ruedas cuesta arriba por el camino. Ella se volteó en su silla, me miró y preguntó: «¿Deseas que yo te empuje?».

—No, está bien, mamá. Tú solías empujarme a mí en una carriola hace mucho tiempo. Ahora es mi turno de empujarte.

—Ah, de acuerdo. Pero si deseas que te empuje, me avisas.

—De acuerdo, mamá. Lo haré.

John vino a visitar a mamá en el Día de los caídos. Él no la había visto desde antes del accidente de la gangrena y evidentemente, su apariencia lo impactó. Sin mencionar que ella no podía recordar su nombre, parecía que ella reconocía su rostro pero, de rodillas en su cama (la cual habían bajado a aproximadamente doce pulgadas del piso en caso de que se cayera), él tuvo que recordarle que era su hijo mayor. Finalmente, cuando mamá supo que era John, no solamente yo a quien veía, sus facciones se iluminaron. El segundo día de su visita cuando llegamos, encontramos a mamá inclinada hacia el lado de su silla de ruedas, con su cabeza ladeada. Por un momento no estábamos seguros si estaba viva o muerta. La despertamos y colocamos almohadas bajo su costado para enderezarla, pero ella continuaba teniendo dificultad para erguirse.

Como normalmente lo hacía, John permaneció varios días para visitar a mamá. Fueron largas y tranquilas horas en que estuvo sentado a su lado, y mamá estuvo menos comunicativa que siempre. El día en que él se marchó, yo fui por el coche para que él pudiera tener un tiempo a solas con mamá. Cuando se estaba despidiendo de ella, él se tornó muy emotivo, su rostro se enrojeció y sus ojos se llenaron de lágrimas. Todos sabíamos que cada despedida podía ser la última.

A finales de mayo asistí a otro seminario dirigido por el doctor D'Amico, acerca del Alzheimer y la demencia. Como siempre, la presentación del médico fue informativa, no obstante, no ofrecía soluciones reales. Más tarde, él y yo hablamos brevemente acerca de la condición debilitadora de mamá y él dijo algo que me asombró.

—Su madre fallecerá de algo y la profesión médica le pondrá el nombre, neumonía o algo más; pero la causa real será la demencia. Su cuerpo ya no puede funcionar apropiadamente, porque su cerebro no está funcionando apropiadamente.

Los antecedentes del doctor al ser atinado en sus predicciones acerca de mamá, hacía que esta declaración me fuera aun más profunda. Antes de esto, yo siempre había mirado la demencia como una alteración inocua que le robaba a mamá lentamente su agudeza mental, pero que cuya naturaleza no era maligna. Ahora veía la demencia de manera diferente. Sin importar la causa de la muerte, excluyendo algo de verdad inusual como podría ser un desastre natural o la muerte por causa de una caída, el fallecimiento final de mamá no sería causado por una enfermedad, problemas cardiacos u otras fuentes extrañas. La demencia la mataría.

Veintisiete de mayo de 2011:

Mamá está diciendo muchas sandeces estos días, algunas veces usa pala-
bras reales y otras no. Pero las frases no se conectan. Ella me dice que ha salido
a la tienda o ha estado conduciendo, lo cual, desde luego no ha hecho.

Mamá estaba durmiendo en la cama cuando llegué una tarde alrededor
de las 2:30 p.m. Las persianas estaban cerradas y la luz apagada. Ella
estaba completamente vestida, pero bajo las sábanas.

La desperté de su sueño y levanté la cama de hospital, para que
pudiera sentarse. «No hay mucho que hacer aquí», dijo.

—Bien, ¿jugaste bingo hoy? —pregunté.

—Sí —ella respondió—. Les dije: «Yo no sé jugar», y ellos dijeron
«Vamos de todas formas, es divertido». Así que jugué. ¿Y sabes qué? Es
divertido.

—Sí, lo es, mamá —respondí, sabiendo que acababa de jugar bingo
la semana anterior. A ella le encantaba jugar bingo antes y la directora
social se aseguraba de que mamá siempre ganara algo, un peluche, un
moño especial o un cuadro. Ahora mamá apenas podía recordar cómo
jugar. Ella continuaba ganando premios, pero nosotros estábamos perdiendo el juego.

Capítulo 32
. . . .

¿Por qué debe ella pasar por esto?

No fue la alarma lo que me despertó a las 6:00 a.m., el sábado 5 de junio por la mañana, sino la llamada de una enfermera de Grace. «La respiración de su mamá está agitada, ella se está sacudiendo como hoja, tiene fiebre y sus niveles de oxígeno descendieron. Parece que ahora que le pusimos el oxígeno está respirando mejor, pero continúa un tanto azul».

—¿Qué sugiere? —pregunté.

—Bien, si ella fuera mi madre, yo la llevaría al hospital.

—De acuerdo, hagámoslo.

Enviaron a mamá en ambulancia a la sala de emergencias, donde Lisa y yo la encontramos recostada cuando llegamos. Una sábana le cubría el pecho y el estómago, pero ella estaba destapada de la cintura para abajo. Jalé la sábana del hospital para cubrir las piernas de mamá. A ella la habría avergonzado estar tan desnuda para alguien que pasara por la sala, incluso si hubiera sido del personal del hospital. Cuando intenté hablar con ella, mamá no podía hablar. Ella hacía sonidos como los que hace un bebé antes de aprender a hablar. Eso era todo. Le hice preguntas: «¿Te duele algo? ¿Te caíste?». Ella no podía responder.

—El médico ya ha hecho algunos análisis y estamos esperando los resultados —nos informó la enfermera—. Probablemente pasará alrededor de una hora, antes de que sepamos algo.

Mientras esperamos los resultados de los análisis, Lisa y yo intentamos poner cómoda a mamá. Yo le sostenía la mano a veces y aparentemente ella podía apretar la mía. Ese era un buen signo.

Ya que solo podíamos hacer poco para mantener a mamá despierta, le dije que iría a la escuela dominical y regresaría. «Por favor, ora por mí», dije, sabiendo cuan efectivas eran sus oraciones; pero también sabiendo que la tarea de orar por mí, a menudo la animaba.

Antes de marcharme, Lisa y yo le cantamos algunos himnos a mamá, «¡Oh, qué amigo nos es Cristo», «Sublime gracia» y «Qué día será aquel».

Cuando regresé, aproximadamente una hora más tarde, ella se había animado lo suficiente para responder algunas preguntas. Apenas estaba lúcida, pero por lo menos pronunciaba algunas frases en lugar de balbuceos. El médico decidió internarla, ya que padecía lo que él llamó «una atroz infección urinaria».

Eso no era tan malo. Mamá no tomaba suficiente agua y las infecciones urinarias ahora eran parte de nuestro vocabulario. La afección de mamá, totalmente tratable con antibióticos y líquidos, no me preocupaba. Algunos días en el hospital y, con esperanzas, ella estaría bien.

En la tarde antes de salir del hospital, les hablé a las enfermeras específicamente acerca de los medicamentos de mamá. «Por favor, no le den analgésicos a menos que sea absolutamente necesario. Estos la golpean y ella no come ni bebe. Ella es fuerte. Pasó por tres operaciones importantes hace seis meses solo con Tylenol 3, de manera que si pueden evitar un medicamento más fuerte, ella responderá mejor».

—De acuerdo —dijo la enfermera a cargo—. Lo anotaré y me aseguraré de preguntarle al médico.

Cuando llegué al hospital temprano en la mañana del lunes, mamá estaba noqueada. Le habían dado analgésicos fuertes. Yo estaba furioso, pero no podía hacer mucho. Le llamé al doctor D'Amico y le pedí que le enfatizara al personal del hospital que ese analgésico incapacitaba a mi mamá.

En la mañana del martes 7 de junio, con mamá todavía en el hospital, Lisa y yo tuvimos que decidir si ir o no a unas breves vacaciones que habíamos planeado, además de recoger a Alyssa de un Programa de honores académicos universitarios en Florida. Desde luego que yo no deseaba dejar a mamá sola en el hospital sin familiares en la ciudad, de modo que le llamé a John y él aceptó regresar a Nashville para quedarse con mamá mientras no estábamos.

Mamá parecía estar mejorando, así que me sentí seguro de que regresaría a Grace una vez que cediera la infección. Pero me preocupaba el color azulpúrpura que continuaba en los dos dedos que le quedaban en su pie derecho. Antes de marcharme le mostré esos puntos a uno de los enfermeros y él me prometió hacer que el médico hermodinamista de mamá la revisara.

Como era de esperar, cuando llamé el miércoles para pedir un reporte, John me dijo que los médicos estaban preocupados de que la gangrena estuviera en sus dedos, por causa de la mala circulación. A media mañana llamó su médico hermodinamista. Él explicó su plan de despejar las arterias de mamá si todavía había flujo sanguíneo; pero de no haberlo, él tendría que contar con sus cirujanos para remover el o los dedos que se estaban muriendo. Yo me sentí asqueado de camino a casa. Comprendía que los cirujanos deseaban lo mejor, pero ellos estaban trozando a mi mamá, pieza por pieza.

Una vez en la sala de operación, la decisión de amputarle el cuarto dedo a mamá era ineludible. Era eso o permitir que la infección recorriera todo su cuerpo. Mamá sobrevivió a otra operación más, pero una vez que salió de la recuperación, ella se negó a comer.

La temperatura de mamá se elevó de un día para otro, así que los médicos desenvolvieron su pie para revisar si había piel negra, lo cual indicaría tejido muerto. El dedo que le quedaba lucía terrible, con un peligroso punto negro en la punta. Al mirar el dedo, yo supe que solo estaba a un chorrito de sangre de gangrenarse. La doctora picoteó, exploró y pinchó la piel que estaba alrededor del punto de cirugía. Finalmente ella parecía estar satisfecha. «Ordenaré un suero intravenoso de antibióticos y la regresaré a Grace», dijo ella.

Más tarde, intenté convencer a mamá de que comiera algo. Ella comió unas cuantas judías verdes, algunos trozos de naranja y un poco de helado. Nada más.

—Iré a trabajar y regresaré en unas horas —le dije.

—De acuerdo, regresas y yo te cuidaré —dijo ella.

—Te amo, mamá. Te veré más tarde —grité mientras me despedía de ella con la mano y salía de su cuarto de hospital.

Ella se despidió débilmente con la mano y expresó la sonrisa más débil mientras decía: «Yo también te amo, hijo».

Caminé hacia el elevador, preguntándole a Dios por la milésima vez: «¿Por qué? ¿Por qué debe ella sufrir tal indignidad en esta etapa de su vida?». Ver el declive diario de mamá despertaba muchas preguntas. ¿Por qué no el Señor simplemente se la llevaba a casa? Ella ha amado a Jesús toda su vida, ella cree firmemente en Dios y está lista para marcharse. Después de una vida tan sólida, casi era una burla verla tan frágil.

Las preguntas del «por qué» golpeaban mi mente más de lo que me gustaría admitir. Era seguro que no continuaba aquí porque tuviera que aprender algo. Ella debía estar aquí para nuestro beneficio, para mí, para que yo pudiera aprender algo de cómo vivir... y de cómo morir, pleno en Jesús, sin importar cuántos dedos de los pies o de las manos tenga una persona.

—Ayúdame a comprender la lección, Señor —yo oré—. No permitas que me pierda lo que se supone que deba aprender, a costa de lo horrible que vive mamá —Me tragué las lágrimas cuando entré en el elevador y las puertas se cerraron.

Capítulo 33

. . . .

De camino a casa

Después del décimo segundo día en el hospital, el médico de mamá continuaba preocupado por el punto negro del tamaño de un centavo en el pulgar de su pie. También estaba preocupado de que ella no pudiera estirar su pierna. En lugar de eso, ella jalaba su rodilla en posición fetal. La pierna se había atrofiado severamente desde las primeras cirugías. Por primera vez me preguntaba si había cometido un error al animar a los médicos a amputarle la pierna a mamá hasta la altura de su rodilla, después del primer episodio de problemas circulatorios.

Más desconcertante aun era que los médicos pidieran mi permiso para insertarle un tubo de alimentación en su garganta. Imágenes de Terri Schiavo cruzaron inmediatamente por mi mente. Yo redoblé mis esfuerzos para alimentar a mamá manualmente. Por más que intenté, solo pude convencerla de comer algunas judías y unos cuantos bocados de pasta.

Añadí una pequeña cantidad de helado derretido en una cuchara y la coloqué en su boca. Ella sorbió el helado como si estuviera probando una desagradable medicina para la tos. Pero al menos le estaba dando algo, de manera que tomé más helado y lo puse en sus labios. La mayor parte del helado le corrió por la barbilla o se fue por los costados de su boca, pero ella bebió algunas gotas. Yo continué con el proceso durante alrededor de media hora, hasta que finalmente dijo: «Ya no más».

—Un bocado más —le dije, presionando un cuarto de cucharadita de helado en su boca. Mamá cerró fuertemente los labios. Ella tenía demencia, pero todavía podía ser testaruda cuando quería. Encontré una servilleta y le limpié el helado de su barbilla.

Un técnico que intentó alimentar a mamá lo hizo un poco mejor. Ella finalmente se rindió frustrada. Más tarde, la nutricionista del hospital entró en la habitación.

—Comprendo que necesitamos acomodarle un tubo de alimentación a la señora Abraham —dijo ella—. Ella necesita nutrirse para que ese pie sane. Y ya que no está comiendo, eso puede ser lo mejor por ahora.

—Yo no deseo que tenga ese tubo permanentemente —dije—. Ella pasó por un periodo similar de rechazo a la comida la última vez que estuvo en el hospital. Si podemos regresar a casa y de vuelta al ambiente familiar, posiblemente su apetito regrese. Eso es lo que sucedió antes.

—Comprendo —dijo la nutricionista con una sonrisa condescendiente, como diciendo—: No intente explicarme mi negocio, amigo. Hago esto todos los días.

—Mi mamá es una persona fuerte —le dije—. Ella no se va a sentir bien con el tubo en su garganta. Se quitó la máscara de oxígeno la primera semana que llegó.

—Nosotros siempre hemos lidiado con eso —dijo ella. Sin duda, no lo dijo en tono de amenaza, pero su comentario sonó ominoso.

—Bien, intentemos —dije—, pero si resiste mucho, deseo que le quiten el tubo. Ella es una paciente buena y dispuesta. De seguro podemos hacer que coma de alguna forma.

La nutricionista me miró condescendientemente otra vez, cerró su portapapeles y se despidió.

Cuando hablé con el doctor D'Amico, él fue tanto tranquilizador como característicamente tajante. «Podemos recibirla de vuelta en Grace con el tubo de alimentación —dijo él—. Esperamos que la alimentación a través del tubo estimule su apetito y que pueda comenzar a comer sola otra vez —el médico hizo una pausa, como si supiera que yo no deseaba escuchar lo que estaba a punto de decir—. Pero si ellos desean colocarle el tubo directamente en su estómago, es posible que necesitemos pensar en cuidados paliativos. Muchos pacientes de demencia simplemente dejan de comer en esta etapa. Ellos sencillamente ya no desean comer y no lo harán. Usted y yo ya hemos hablado de esto y yo nunca me he andado con rodeos, así que no lo haré ahora. Si ellos le ponen un tubo de alimentación permanente en el estómago, es simplemente para prolongar su vida artificialmente y su mamá y usted dijeron expresamente que no deseaban eso».

—Lo comprendo doctor —dije discretamente—. En este punto vamos a intentar con el tubo de alimentación en su garganta.

—Démosle hasta el lunes y veamos cómo reacciona —dijo el médico.

—De acuerdo. El lunes —repetí. El lunes sería el décimo quinto día de mamá en el hospital sin una ingesta significativa de comida.

El tubo de alimentación era un plástico como de espagueti que pasaba por su boca hacia la garganta. Mamá no soportó bien el tubo, ¿quién lo haría? Ella lo sacaba repetidamente. Finalmente, las enfermeras se rindieron y el médico rescindió la orden.

Cuando Lisa y yo visitamos a mamá en la tarde del sábado, ella preguntó: «¿Cuál es la respuesta? Necesito saber la respuesta».

—¿Qué deseas saber? —le preguntó Lisa—. ¿Cuál es la pregunta?

—¿Cuándo viene Jesús? —mamá preguntó tan claramente como una campana.

—No lo sé —respondí yo—, pero no creo que falte mucho tiempo.

—Por favor, Jesús, ven —dijo mamá.

—Él vendrá, mamá —le aseguré.

—Por favor, Jesús, por favor ven ahora. Estoy cansada. Quiero que mis piernas dejen de dolerme. Deseo ir a casa. Por favor, Jesús. Por favor ven.

Yo deseaba decirle: «Está bien, mamá. Puedes irte a casa. Te suelto para que te vayas. Estaremos bien aquí y te veremos allá pronto». Eso es lo que estaba pensando, pero no pude lograr que mis palabras me pasaran por la garganta.

Me reuní con el médico el domingo en la tarde, afuera del cuarto de mamá. Él insistió en colocarle el tubo de alimentación en el estómago y yo casi estaba listo para consentir; pero sentí que alimentar artificialmente a mamá no estaba en su mejor interés. ¡Qué decisión tan difícil! ¿Quién soy yo para decir si ella puede continuar comiendo por un tubo hasta que su cuerpo se rinda? Me quebré la cabeza, llamé a mis hermanos y hablé con varios amigos cuya sabiduría espiritual yo admiraba. A todos les hice la misma pregunta: ¿Tomé la decisión correcta al rechazar el tubo de alimentación?

Las respuestas fueron un unánime «sí».

Le pedí al médico que regresara a mamá a Grace, donde por lo menos estaría en su propio ambiente. El personal del hospital logró mantenerla limpia y voltearla en la cama para que no desarrollara llagas; pero todo el picoteo, los pinchazos y las tres primeras intravenosas que recorrían su cuerpo, simplemente no le estaban ayudando a mamá. Posiblemente si se encontraba de vuelta en su propio ambiente, ella podría recuperarse. Valía la pena intentarlo.

Esa tarde, mamá parecía estar más alerta, de manera que intenté animarla cantándole. Discretamente comencé a cantar «Victoria en Cristo» y al poco tiempo la escuché intentando cantar la canción conmigo. Su voz era débil y rasposa, pero ella pudo articular las palabras:

«Ya tengo la victoria, pues Cristo me salva. Buscóme y compróme con su divino amor. Me imparte de su gloria, su paz inunda mi alma. Victoria me concedió...».

❦

Al día siguiente, después de que el doctor D'Amico se pusiera en contacto con el médico del hospital, finalmente arreglamos que mamá regresara a Grace. El médico del hospital se tornó un poco negativo respecto a dar de alta a mamá, deseando darle antibióticos durante seis semanas; pero como el doctor D'Amico señaló en su usual manera directa: «Ella no estará viva si la dejamos en el hospital otras seis semanas». Él fue igualmente directo cuando me habló a mí acerca del futuro de mamá.

—Estamos contemplando cuidados paliativos —dijo tajantemente—. Podemos darle cuidados para enfermos terminales en Grace.

Yo no entendía la diferencia entre eso y lo que ya estábamos haciendo: manteniendo la condición y la comodidad de mamá, sin intentar hacer procedimientos «extraordinarios» para que mejorara; pero me daba cuenta de las implicaciones.

—Básicamente hemos hecho todo lo que podemos por ella. Su sistema se está apagando y es posible que no tenga un repunte. Usted necesita estar preparado para ello —dijo él.

Me adelanté a la ambulancia para llegar a Grace, entré y saludé a varias de las enfermeras, los técnicos y los residentes. «¿Cómo está Minnie? —todos deseaban saber—. ¿Cuándo va a regresar?».

—Ella debe llegar en cualquier minuto.

—¡Oh, bien! —dijo una de las enfermeras.

—Me da tanto gusto —dijo uno de los residentes—. He extrañado su sonrisa.

Realmente hubo una atmósfera de bienvenida cuando los paramédicos bajaron por el pasillo a mamá en la camilla de la ambulancia. Mamá estaba agotada y extremadamente débil, de manera que me incliné por la barandilla para alcanzar el paso de los paramédicos, caminé junto a ellos y le dije: «Oye, mamá, estás de vuelta en casa. Todos han estado preguntando por ti».

—En casa —repitió—. ¿Estoy en casa?

—Sí, estás en casa —respondí, sin darme cuenta cuan tonto sonaba eso mientras ella regresaba a su habitación de apenas ochenta por diez pies. Aun así, para mamá, «Graceland» era su casa.

Tommy, uno de los enfermeros de Grace y Connie, su asistente, cerraron las cortinas de hospital y trabajaron con mamá tan pronto como los paramédicos la colocaron en su cama. Ruth, su nueva compañera de cuarto, la saludó. Mamá no respondió.

—Parece que está un poco sedada —le dije a Ruth, mientras me alejaba del paso de los enfermeros y de la mitad de la habitación de Ruth—; pero creo que una vez que despierte hablará más. —Yo no deseaba que Ruth pensara que mamá estaba siendo grosera al no responder. Las relaciones entre los residentes del asilo pueden ser delicadas y no deseaba provocar rencores innecesarios.

Tommy, Connie y otra técnico, Melanie, pesaron a mamá en una báscula que parecía como una báscula de papa antigua de las tiendas de provisiones, con una tela de Mylar que sostenía a mamá en el aire. Melanie sostenía la cabeza de mamá, pero ella pronto pudo sostenerla por sí misma, un buen signo, pensé. Al ver los números de la báscula, yo esperaba que aumentaran. No sucedió. Mamá pesaba a penas 120 libras. Ella pesaba 168 cuando entró en Grace por primera vez, dos años atrás; y ahora ella pesaba menos que el día de su boda. Lucía patéticamente, colgada sobre su cama; su piel colgaba y estaba pálida, parecía como un saco de piel que contenía su espíritu.

La presión arterial de mamá estaba bien, mejor que la mía; y su temperatura alrededor de los 97,3 grados Farenheit, nada que ver con la infección que había causado estragos en su cuerpo días antes.

Tommy me explicó cada procedimiento, mientras él y Connie trabajaban con mamá.

—Estamos revisando signos de daño cutáneo, moretones, llagas o áreas que necesiten tratamiento —dijo. Desenvolvió suavemente el pie de mamá, exponiendo las áreas rojas, negras y color crema de la amputación más reciente. Él le colocó cuidadosamente un nuevo vendaje y envolvió de nuevo el pie de mamá. Connie intentó hacer que mamá enderezara la pierna, pero ella no pudo.

—Tenemos que hacerle terapia física y hacerlo lentamente. Parece que le lastima intentar forzar su pierna hacia abajo.

Yo asentí: «Según lo que sé, es que ella no ha estirado la pierna desde que nos fuimos de aquí, hace quince días».

Los enfermeros le retiraron el pañal, levantándole la bata hasta el hombro mientras la examinaban. En cualquier paciente, siempre es posible que le salgan llagas durante una larga hospitalización; pero en los pacientes de demencia, los problemas aumentan, porque ellos no recuerdan moverse. En el caso de mamá, parecía que ella no podía menearse mientras se encontraba en el hospital. Como era de esperarse, se notaban áreas rojas de irritación en su trasero. Lo más preocupante era una llaga de una pulgada de largo, abierta como un ojo bizco. Los enfermeros le aplicaron un ungüento a las llagas y a las demás áreas decoloradas.

Connie pudo lograr que mamá tomara unos sorbos de un licuado «Mighty Shake» de fresa, una bebida fortificada con nutrientes por la que mamá estaba sobreviviendo. Ellos trabajaron con ella durante alrededor de media hora, la acomodaron, le cambiaron el pañal, le pusieron vendas frescas y luego, finalmente la cubrieron y la metieron en la cama. En todo el proceso, los enfermeros se refirieron a mamá como la «señora Minnie». Ella reconoció sus rostros, aunque dudaba que reconociera sus nombres. Aun así, ella parecía sentirse especialmente en paz y contenta de haber regresado a Grace. Ella estaba «en casa».

Los enfermeros terminaron y, cuando finalmente nos quedamos solos, yo me incliné en la cama de mamá y le dije: «¿Cómo te sientes, mamá? Finalmente estás en tu propia cama. ¿No es genial?».

Ella abrió los ojos, como si hubiera estado completamente consciente en toda la dura experiencia y dijo: «¡Gracias, Jesús!».

Yo me reí. Su condición no había mejorado ni un gramo, pero ella estaba feliz y conforme. Eso era lo mejor que podíamos hacer por ella y, por ahora, era suficiente.

Capítulo 34

. . . .

Ahora es el momento de decir adiós

Los días siguientes fueron inestables, ya que el progreso de mamá fue leve; ella continuaba tomando sus «Mighty Shakes» y comiendo unos cuantos bocados en el desayuno. Estaba terriblemente débil, pero lucía con buen ánimo y emocionada de estar de vuelta entre los rostros familiares de Grace. No obstante, la realidad golpeó mi idealismo cuando me reuní con Brenda, la directora de enfermería; con Kerri, la directora social y con Andrea, la directora de admisiones de Grace. Ellas fueron amables pero directas al describir la condición de mamá.

—Su mamá padece osteomielitis —dijo Brenda—. Es una infección en los huesos. El tratamiento usual duraría unas seis semanas de fuertes antibióticos administrados intravenosamente en el hospital. Pero, como el doctor D'Amico y usted han acordado, eso no funcionaría para su mamá. Debido a que no está comiendo, ella se moriría de hambre o presentaría otras complicaciones, y está demasiado débil para recibir más cirugías. También tiene llagas graves, no porque no la movieran en el hospital, sino porque todo su sistema se está apagando. La infección ósea es grave y, si esas llagas se infectan o si la infección llega a su sangre, no podremos hacer mucho.

Hablamos acerca de los síntomas que mamá podría desarrollar y de las alternativas que podríamos tener en cuanto a medicamentos. Parecía precipitado concluir que mamá mejoraría, de no ser por un toque sobrenatural de Dios. Y eso no parecía estar sucediendo. O posiblemente estaba sucediendo en una manera en que yo no deseaba aceptarlo.

Hablé con Tink y lo animé a que trajera a los niños a ver a su abuela mientras todavía era tiempo. «Ella se está desvaneciendo rápidamente», le dije.

Cuando John la había visto en junio, él se despidió por última vez. «A menos que me necesites, no creo que pueda hacer esto de nuevo —él me dijo—. La próxima vez que la vea —dijo mientras yo lo llevaba al aeropuerto—, será en su funeral, en Pensilvania».

Los técnicos lograban muy bien animar a mamá a comer, pero para el lunes 21 de junio, ella no había comido ni una sola comida completa en casi un mes. Yo intentaba alimentarla como a nuestra nieta, Stella, sosteniendo el helado en sus labios hasta que le entrara en la boca o se le derramara por el rostro. Mamá no era agresiva, parecía estar intentándolo. Pero era como intentar comer helado después de que el dentista hubiera llenado su boca de Novocaina. Su boca simplemente no se movía. Su cabello estaba enmarañado y cuando le pasaba mis dedos, la textura normalmente suave de su cabello, se sentía más como un estropajo metálico.

Antes de dejar a mamá la tarde del lunes, yo le alisé el cabello y le dije que Tink y su hija, Kellee, irían a verla al día siguiente.

—Ah, eso es genial —mamá gritó como una pequeña niña—. Me alegrará tanto verlos—. Como lo hacía cada noche antes de irme, bajé la cama de mamá a doce pulgadas del piso. Cuando me arrodillé en la almohadilla de plástico para orar con ella y darle un beso de buenas noches, mamá apenas pudo levantar la cabeza.

Aunque yo no le dije a mamá, también había animado a nuestras hijas, Ashleigh y Alyssa, a que vinieran a casa de la universidad ese fin de semana, lo cual hicieron. Yo sentí que las oportunidades de visitar a su abuela mientras estaba medio consciente de su presencia, serían limitadas.

Al día siguiente, recogí a los familiares en el aeropuerto y Lisa y yo los llevamos a Grace. En el camino intenté prepararlos para lo peor.

—Es posible que la abuela no los conozca —les advertí a todos—. Ha pasado un tiempo desde que los vio por última vez y su memoria no es tan buena en estos días. Además, acaba de salir del hospital luego de otra experiencia traumática.

—No hay problema —respondió Tink—, simplemente le seguiremos el hilo.

Nos registramos en Grace y nos dirigimos hacia la habitación de mamá. De camino, pasamos a una mujer que estaba sentada en una silla de ruedas, con su cabeza casi tocando su pecho. La mujer estaba vestida con lo que parecía ser la ropa de mamá. «No puedo creer que hayan confundido tanto su ropa», dijo Lisa al pasar. Ella había trabajado duro para asegurarse de que la ropa de mamá estuviera limpia y que sus atuendos combinaran; no obstante, de vez en cuando, la encontrábamos vistiendo la ropa de alguien más o a una mujer vistiendo algo de mamá.

Al pasar junto a la mujer vestida con la ropa de mamá, Kellee gritó: «¡Abuela!».

Nosotros rodamos con nuestras ruedas. Como era de esperarse, ahí en el pasillo, vestida en uno de sus atuendos más lindos, estaba mamá. Christie, la estilista interna de Grace, le había arreglado el cabello y, aunque estaba bastante débil, ¡ella lucía fantástica! Era una mujer diferente de la persona que yo había dejado la noche anterior.

Ver a los familiares de Florida, así como a Ashleigh y a Alyssa, le levantó el ánimo a mamá enormemente. Al día siguiente la llevamos al patio de

Grace y Kellee le colocó un par de gafas de sol para que no le molestaran sus ojos. Sus manos estaban hinchadas, así como sus piernas, y su pie estaba sangrando; pero con su vestido azul y blanco y sus gafas, ella lucía como una estrella de cine. Megan, Keith y Stella también llegaron a visitar a la abuela Minnie.

«Me voy a casa. Solamente deseaba despedirme antes de marcharme».

Con cuidado, dejamos que mamá cargara a Stella, quien ahora tenía casi nueve meses y era una bebé adorable, pero inquieta y llena de energía. Mamá meció a su bisnieta en su pecho y Stella descansó cómoda y en silencio. Aunque disfrutamos estar juntos, cada uno de nosotros reconocía que esa sería la última vez en la Tierra que nos reuniríamos de esa manera.

Le llamamos a John desde el patio, como lo habíamos hecho cientos de veces antes. Sin embargo, ese día, después de pasar por las preguntas inusuales acerca de cómo se sentía, mamá le dijo a John: «Bien, solo deseaba llamarte y despedirme antes de marcharme».

—¿A dónde vas? —preguntó mi hermano mayor.

—Me voy a casa —mamá respondió— y deseaba despedirme antes de irme.

Fue uno de esos momentos conmovedores en que las palabras de mamá poseían múltiples significados. Para nosotros, ella estaba despidiéndose antes de marcharse al cielo.

Capítulo 35

. . . .

Traer los refuerzos

Me reuní con los representantes de una organización para enfermos terminales, con el fin de hablar acerca de los cuidados de mamá. «No deseamos llevar a cabo nada heroico —ellos me dijeron—. Solamente deseamos hacerla sentirse cómoda hasta que emprenda el viaje hacia el otro lado». Me sorprendió que los trabajadores de la residencia de enfermos terminales no desearan utilizar las palabras *muerte*, *morir* o *muriendo*. Pero todos comprendíamos lo que declarábamos: «Minnie Abraham fallecerá en cualquier día, así que hagamos lo que podamos para que le sea lo más sencillo posible».

Yo luchaba con las repercusiones de firmar las órdenes de la residencia. ¿Quién era yo para tomar tales decisiones para el final de su vida? Morir con dignidad, en realidad yo no había pensado al respecto antes. Al firmar, ¿estaba yo admitiendo tácitamente que la vida de mamá se había acabado, que todo lo que podíamos hacer ahora era mantenerla cómoda y esperar? ¿Acaso estaba descartando que Dios pudiera llevar a cabo un milagro? ¿Al hacerlo estaba diciendo que era mi decisión si mamá vivía o moría? Ciertamente mis hermanos y yo teníamos poder notarial, y yo me encontraba dentro de los parámetros de mis responsabilidades legales para tomar una decisión, ¿pero era esa la decisión correcta? ¿Era lo correcto ante Dios?

Les llamé a mis hermanos y hablamos del dilema. Nosotros no podíamos ignorar lo que era evidente. Mamá estaba muriendo y, de no ser por un milagro, ella no se recuperaría aquí en la Tierra. Y si se recuperaba, ella no tendría una existencia digna. La residencia estaba dispuesta a ayudarla hasta la muerte y más adelante. Seríamos tontos al rechazar su ayuda.

Al revisar los documentos, me sentí como si estuviera leyendo la sentencia de muerte de mamá, aunque todos los que estaban involucrados me tranquilizaron diciéndome que estaba tomando la decisión correcta. Aun así, había algo tan terminal en esos documentos. El caballero de la residencia me recordó que si mamá se mejoraba, ella podía regresar a cuidados normales. Él me reiteró que nosotros creíamos en Dios y que creíamos en los milagros. Sin embargo, yo sentía como si me estuviera dando por vencido ante la voluntad de Dios para sanar a mi mamá.

Desde luego, yo sabía que ese no era el caso; su vida, así como la mía, estaban en las manos de Dios. Pero ahora que estaba de acuerdo con la evaluación de los médicos en cuanto a que habían hecho todo lo que podían, yo luchaba con esos pensamientos. Firmé los papeles, sabiendo que, a menos que Dios tuviera una razón para mantenerla aquí, algo que Él deseara que aprendiéramos, mamá estaba de camino a casa.

Las llagas del trasero de mamá aumentaban su incomodidad. «Deseo salir de aquí», ella me dijo.

—Lo sé, mamá —le dije, preguntándome si se refería a salir de Grace o salir de esa existencia. En cambio, yo me enfoqué en sacarla de esa silla de ruedas—. Buscaré a una enfermera que pueda ayudarte a recostarte en la cama.

En ese momento, llegó la enfermera Pam y observó la hemorragia del pie de mamá. Ella estaba de camino a salir y regresar a casa al final del día, pero se detuvo y se tomó el tiempo de entrar de nuevo, aplicarle un poco de antiséptico a las llagas y colocarle vendas al dedo de mamá. Muchos de los miembros del personal de las residencias de cuidados a largo plazo no reciben salarios altos. Ellos no trabajan por el pago, lo hacen por amor. Pam es una de esas almas amables.

Recibimos una llamada temprano en la mañana de Julie, una enfermera de la residencia, pidiendo permiso para ordenar morfina para el dolor de mamá. Yo acepté, añadiendo: «No quiero que tenga dolores intensos, pero si los puede soportar con Tylenol 3, yo preferiría eso. Los medicamentos fuertes noquean a mamá».

Cuando llegué a Grace, una técnico que cuidaba a mamá estaba emocionada. «Su mamá se comió todo lo que estaba en el plato», Chastity dijo efusivamente.

—¡Bromeas! —respondí.

—Y desea más.

—Chastity tú debes hacer milagros. ¡Eso es lo más que ha comido mi mamá en más de un mes!

Chastity sonrió. «Bien, yo creo en los milagros».

—Yo también —le dije.

Fue una celebración breve. Descubrimos que una de las llagas de la cadera de mamá se había tornado de rosa a morado, nada bueno. Pam ordenó que le aplicaran más medicamento, pero la condición de mamá se estaba deteriorando. Ella estaba extremadamente cansada y apenas pudo mantenerse despierta durante nuestra visita, pero por lo menos había comido algo.

Pasé horas sentado en una silla junto a la cama de mamá, sosteniendo su mano, mirando su respiración: cortas inhalaciones a manera de staccato y ocasionales suspiros. Observé que sus manos, aunque estaban más frías de lo normal, se habían suavizado más. Esas manos las habían tomado mucha gente que se asía de mamá por la vida, cuando ella oraba por ellos y los animaba a continuar confiando en Jesús. «Dios responde la oración —ella decía, mientras sostenía las manos de la persona—. Y la oración cambia las cosas». Al recordar que esas manos alguna vez me sostuvieron, me consolaron, me disciplinaron, me expresaron amor, hablé, aunque no estaba seguro de que mamá pudiera escucharme.

—Dios responde la oración, mamá, y tú lo sabes, la oración cambia las cosas. —Ahora sus manos se estaban enfriando más, se pintaban de un tono extraño de morado, como si la sangre peleara sin éxito por circular a través de su cuerpo. Yo supe que no pasaría mucho tiempo antes de que todo su cuerpo estuviera tan frío como esas suaves manos.

Ella sentía un gran dolor, diciendo: «Mis piernas me duelen mucho, ya no puedo soportarlo». Intenté tranquilizarla diciéndole que la medicina iba a hacer efecto en cualquier momento y que eso la ayudaría a sentirse mejor. «Quiero irme a casa —dijo ella—, pero no estoy segura de dónde está mi casa y, ¿quién va a mudar mis cosas?».

—No te preocupes, mamá. Yo me estoy encargando de todo. John y Tink ayudarán también. Estarás bien —miré su pie vendado—. Y el Señor está tocando tus pies y restaurándolos.

El rostro de mamá se arrugó con una débil sonrisa. Pronto, el Señor estaría restaurando todo su cuerpo y parecía que ella lo sabía.

Yo me encontraba corriendo cada vez más hacia el teléfono cuando sonaba. No me arriesgaba a perderme ni una sola llamada. Las peticiones de Grace con respecto a los aumentos de medicamentos de mamá eran más frecuentes. Yo estaba consciente de que «la llamada» podría llegar en cualquier momento.

Mantener a la familia informada de la condición de mamá dominaba la mayor parte de las llamadas telefónicas que yo hacía. No esperaba que la familia de Florida hiciera algo, pero deseaba que comprendieran que estábamos cerca de la partida de mamá.

Revisar los detalles del funeral de mamá mientras ella continuaba con vida, parecía algo especialmente morboso; pero debido a que la familia había decidido que la enterraríamos en Pensilvania, había docenas de detalles que planear: ¿A dónde se enviaría el acta de defunción? ¿Le envío su ropa al director de la funeraria a Pensilvania o a Tennessee? ¿Qué hay acerca de las fotografías según las que van a arreglarle el cabello? (a mí me gustaba más la forma natural en lugar de la «melena de música góspel» que mamá lucía a veces). ¿Cómo le describo al director de la funeraria la manera en que deseo que mamá luzca en el ataúd? Algunas veces me sentía culpable por pensar tales cosas mientras mamá estaba aferrándose a la vida tan desesperadamente.

El doctor D'Amico visitaba a mamá en su habitación y le revisaba el pie. Ella era cooperativa, pero cuando él chocaba su pie sano con aquel que había pasado por las amputaciones, ella se quejaba: «¡Oiga, cuidado, amigo!».

El médico se disculpaba y todos nos reíamos. Ella todavía no se estaba dando por vencida.

Capítulo 36

· ·

Hacia la recta final

El doctor D'Amico había dicho que el rechazo a la comida sucedía a menudo en los pacientes de demencia que se encontraban en la recta final. Debido a que mamá había comido una «comida completa», yo me tranquilicé pensando que posiblemente ella no se encontraba todavía en ese momento, aunque en el fondo sabía que sí. Normalmente, antes de marcharme le decía: «Te amo, mamá. Te veré más tarde», y ella respondía algo similar. Pero últimamente, ella lo decía primero: «Ya me voy», decía mientras cerraba los ojos.

El dolor se intensificaba cada día, yo lo podía ver en el rostro de mamá y en su comportamiento. Las llagas de su trasero se habían abierto, dejando huecos en su piel, rodeados de áreas ennegrecidas y amoratadas que se extendían hacia las áreas rosadas. Incluso el más mínimo movimiento la hacía encogerse.

Con solamente la bata de hospital y un pañal de adulto, ella intentó en vano asir mi mano y acomodarse. En un momento ella me miró y dijo: «Extraño a mi mamá».

—Lo sé, mamá —respondí—, yo también.

Debido a que mamá ya no podía comer en el comedor, los técnicos le llevaron la comida a su habitación. Yo le corté algunas zanahorias cocidas en pedazos pequeños e intenté que mamá se las comiera. Sus labios se negaban a moverse. Luego de que sostuviera la comida en sus labios durante uno o dos minutos, mamá dijo: «Necesito una boca más grande».

Desde principios de julio, mamá ya no se levantaba, sino permanecía en cama. Todo su cuerpo estaba caliente. Ella rara vez se quejaba con nosotros, pero seguido repetía: «Por favor, Jesús, ayúdame. Llévate este dolor, por favor, Jesús».

—Él lo hará, mamá. Se lo llevará —yo le decía suavemente. *Un día pronto*, pensaba, *Él te aliviará del dolor que está devastando tu cuerpo.*

—Pero yo quiero que Él se lleve este dolor ahora —decía ella, casi como si pudiera leer mi mente. En ese momento, yo no podía hacer mucho más que observar su sufrimiento. Era un sentimiento horrendamente desesperante.

Una vez más, mi mente proyectaba automáticamente mis preguntas. *¿Por qué debe ella soportar esto, Señor? ¿Cuál es el propósito?* Yo sabía que aunque mamá se recuperara, su vida sería más difícil que antes. *¿Qué se supone que debo aprender de todo esto, Dios? Posiblemente deba aprender cómo muere un santo; tal vez deba aprender cómo ser más compasivo con los dolidos; o probablemente deba aprender que esta vida no es todo lo que tenemos, que Dios tiene cosas reservadas para nosotros que no hemos visto con nuestros ojos y que nuestra mente no ha concebido aún. Lo que se supone que deba aprender, Señor, deseo que me ayudes a aprenderlo rápidamente*, oré. Inmediatamente después de mi oración, me sentí egoísta; pero era una oración honesta y sincera.

Para mediados de julio, mamá ya estaba comiendo menos de unas cuantas onzas al día y las enfermeras habían duplicado los medicamentos. Sus piernas se estaban contrayendo en una posición fetal rígida. Ella solamente las estiraba a regañadientes cuando se sentaba en una silla durante alrededor de una hora. Estaba muy débil.

Una mañana, fui a verla alrededor de las 9:00 a.m., y lo primero que dijo tomándome la mano y apretándome fuertemente fue: «Estoy esperando a Jesús. ¿Dónde está Él? ¿Cuándo va a venir por mí?».

Esas afirmaciones me tomaron por sorpresa. Ella me miró casi traviesamente y susurró: «He sido una soldado, ¿verdad?».

Yo reí y dije: «Sí, lo has sido. Y Jesús te ama».

Sus labios secos formaron una sonrisa discreta. «Sí, Jesús me ama. Y yo lo amo a Él —entonces añadió discretamente—: Aleluya».

Antes de irme, le recordé a mamá que Jesús podía venir por nosotros en cualquier momento. Ella sonrió débilmente y dijo: «Ah, ¡gloria! —más fuerte que el simple susurro con el que había estado hablando—. ¡Qué día será aquel! Aleluya, veré al Rey de reyes y reinas».

—Sí, mamá.

—Estoy lista para irme, pero te voy a extrañar a ti y a los otros chicos —susurró y luego hizo una pausa, creo que estaba intentando recordar a nuestros familiares—. No olvides agradecerle al Señor por los buenos tiempos que compartimos juntos.

—Lo recordaré, mamá. —Me impactó que ella me hubiera enseñado a vivir y que ahora me estuviera enseñando a morir.

—Estoy esperando a Jesús —dijo de nuevo—. Estoy lista para desfilar.

—Él vendrá pronto, mamá —le dije y salí de la habitación rápidamente para que no me viera llorar. Era difícil estar triste cuando ella estaba tan lista para marcharse.

Capítulo 37

. . . .

Esto es realmente nefasto

Mamá se aferraba a la vida día tras día. En mi mente, yo continuaba intentando dejarla ir, pero en mi corazón deseaba que pudiera permanecer un poco más.

Un sábado en la noche, ella estaba en la cama a las siete y Ruth, su compañera de cuarto, estaba mirando televisión, cuando comenzó uno de los programas *Homecoming* de Bill Gaither. Mamá no estaba de cara al televisor, pero podía escuchar la música y se espabiló. «Esa es buena música», dijo suavemente.

Casi al final del programa, el grupo Gaither cantó «Dulce Espíritu» y las palabras de la canción parecieron especialmente conmovedoras mientras ella articuló cada frase hasta el coro final:

> *Y sin dudar yo sé*
> *que nueva vida en ti tendremos*
> *siempre aquí.*[1]

Mamá se estaba alistando para el último avivamiento que, en muchas maneras, ya había comenzado en su vida; pero que sería consumado el día en que su espíritu se marchara de Grace.

Esa noche, antes de marcharme, mamá y yo hablamos más acerca del cielo, de cómo será y de lo que haremos allá.

—Allá tendremos mucho tiempo. ¿Qué deseas hacer durante los primeros mil años? —le pregunté.

Sin dudar ni un momento, mamá dijo: «Podemos cantarle gloria al Cordero de Dios. Gloria, gloria al Cordero. Aleluya».

Yo asentí. «Sí, podemos hacer eso. Sí, eso haremos».

Ese día, más temprano, ella había mostrado una chispa de su sentido del humor, cuando le dijo a la enfermera Pam: «Deseo ver a Jesús».

—Usted puede irse con Jesús, Minnie —dijo Pam—. Está bien.

—Deseo hacerlo —respondió mamá—, pero mi cuerpo no me deja.

Tuve una reunión informal con la enfermera Pam y decidimos que era tiempo de cambiar a un parche de morfina de liberación lenta, el cual le proporcionaría un alivio más consistente al dolor que las otras formas de medicamentos que le daban cada seis horas. Yo sabía que el medicamento noquearía a mamá y que apenas podría comunicarse, pero sentía que era egoísta que yo deseara hacerlo de otra manera.

Concluimos también que era innecesario que los técnicos levantaran a mamá, la vistieran y la sentaran en la silla de ruedas. El hecho que la levantaran y la sacaran de la cama era una de las pocas cosas de las que mamá se quejaba en esos días. «Por favor, no lo hagan —ella les rogaba—. Por favor no me volteen así».

—Lo sentimos, pero tenemos que levantarla, señora Minnie —se disculpaban las enfermeras—. Se sentirá mejor una vez que terminemos de acomodarla. —Era terrible mirar eso.

—A menos que esté teniendo un buen día y desee que la sienten —le dije a Pam—, estoy de acuerdo con que permanezca en la cama. Ella no necesita que la levanten solo para mi beneficio, para que se siente conmigo.

Yo no estaba muy seguro de cómo expresarlo sin sonar despiadado e insensible, pero desde un punto de vista lógico, yo deseaba saber cuánto tiempo pensaba Pam que podíamos tener. «Desde su experiencia y al ver este tipo de situación, ¿puede usted sacar conclusiones acerca del tiempo que nos queda con mamá?».

—Es difícil saberlo, pero por la manera en que su piel se está manchando, ella probablemente morirá de las llagas antes de que la infección ósea haga lo peor. Ese tipo de heridas pueden infectarse casi de un día para otro, y si eso sucede, probablemente tengamos menos de una semana.

Yo asentí, la realidad de las palabras de Pam se cauterizaron en mi corazón y en mi mente. «¿Hay algunos signos reveladores de los cuales podamos estar al pendientes?», le pregunté.

—Si su temperatura se eleva, ese es realmente un indicador. Ahora sus signos vitales, su pulso y su presión arterial son buenos. Solamente tendremos que vigilarla.

Le agradecí a Pam por ayudarme a cuidar a mamá y especialmente por los valores espirituales que aportaba a su trabajo. «Como usted sabe, no todas las residencias de enfermos terminales están tan abiertas a los asuntos espirituales. Ellos hablan acerca de un poder mayor, pero no dirigen a la gente hacia Jesús. La fe de mi mamá no es una religión; esta se encuentra en Jesucristo. Separar su muerte de su fe en Cristo sería un disparate».

—Estoy de acuerdo, Ken, y nosotros seremos sensibles a eso. Su mamá es una creyente firme y no hemos sentido ni un poco de temor en ella. Ella habla de Jesús todos los días. Le queda muy poca fuerza, pero ella está usando la que tiene para hablar de Jesús. Creo que eso no debería sorprendernos.

Cuando regresé a revisar a mamá, su cuerpo estaba extremadamente tibio.

—¿Te duele algo? —le pregunté.

—Me duele todo —dijo discretamente.

Yo le creí. Coloqué mi mano en su frente y oré: «Señor Jesús, por favor ayuda a que mamá se sienta mejor. Por favor sánala y llévate este dolor de cabeza». Yo no estaba orando que Dios hiciera que mamá se levantara y saliera caminando del asilo. Solamente estaba orando que Él atenuara su dolor.

Como lo hacía a menudo, mamá me confundió con mi papá. «Ay, papi —dijo apretándome la mano—, si tan solo pudiera deshacerme de esta jaqueca».

Oré de nuevo por mamá y bajé el ángulo de la cama de hospital para que ella pudiera recargar su cabeza sobre la almohada. La noche se estaba acercando y nuestro tiempo juntos estaba llegando rápidamente a su fin.

Existe un peso emocional en esta difícil, larga e interminable experiencia que no deseo admitir, mucho menos mencionar, pero que es muy real. En pocas palabras, las visitas que le hacía a mamá en esta etapa me eran tan emocionalmente dolorosas como eran físicamente dolorosas para ella. Verla hacer muecas de dolor y no poder hacer nada al respecto, además de pedirle más medicamento a la enfermera, era algo terrible. Intentar alimentarla, forzando cada gota de agua y cada pedazo de comida en su boca, a menudo durante más de una hora, era un ejercicio inútil y extenuante. Todos los días me marchaba de Grace completamente agotado, sintiéndome como si alguien me hubiera desatornillado los pies y hubiera drenado cada gota de energía de mi ser.

Cuando mis amigos me preguntaban cómo estaba mamá, a menudo la frase seguía con: «¿Y tú cómo estás?». Yo normalmente intentaba ser positivo.

—Parece que mamá está lista para irse al cielo —decía yo— y es lo mejor que puedo esperar para ella. —Pero en mis momentos de sinceridad admitía en mi interior: *Esto es realmente nefasto.*

No era justo para mamá que yo me quejara o que me sumergiera en la autocompasión. Ella era quien realmente estaba bajo el dolor, cuyo cuerpo estaba siendo sacudido por la infección y la fiebre, cuyos deditos estaban reduciéndose a cenizas negras y emitiendo un olor grotesco, «el olor de la muerte», comentó un camillero; ella era quien estaba muriéndose. Pero no sería honesto si no admitiera que a menudo, cuando estaba sentado con ella, mirándola apenas respirar o tener tirones involuntarios, apenas consciente, yo oraba: *Dios, aunque la extrañaré cuando ya no esté, esta no es vida para ella. ¿Qué significa todo esto? ¿Por qué debe ella sufrir este dolor e indignidad? ¿Para beneficio de quién? ¿Mío? ¿Para la gente del asilo? Seguramente no es para el beneficio de mamá. Simplemente no es lógico.*

Ya sea la voz interna venía del Espíritu de Dios o simplemente de mi propia meditación, escuché una voz tranquilizadora: «Durante toda mi vida, mamá me enseñó cómo vivir. Ahora ella me está enseñando cómo morir».

Cuando el técnico y yo intentamos mover a mamá en la cama para que pudiera sentarse e intentar comer algo, mamá gritó de dolor: «¡No!».

—Lo siento mamá —yo respondí—. Solamente estábamos intentando ayudarte.

—¡No, por favor! —ella gritó de nuevo. Finalmente la recargamos en su espalda y dijo discretamente: «Simplemente no puedo soportarlo más». Eso fue desgarrador.

Los labios de mamá estaban secos, tal como me advirtieron las enfermeras de la residencia que estarían en los días finales de su vida. Las enfermeras llevaron pequeños hisopos de espuma para que yo pudiera humedecerlos y frotarlos en los labios de mamá, esperando que se escurriera el agua por su lengua y luego por la garganta. Era un proceso tedioso y yo derramaba más agua sobre mamá que en su boca. Me sentía terrible por infligirle más dolor de lo que ya estaba experimentando, pero sabía que ella no había estado bebiendo agua, de manera que teníamos que levantarla. Era muy arriesgado intentar alimentarla reclinada en la cama, ya que su capacidad de tragar era mínima. La comida suave y blanda que podía meter en su boca podía quedarse atorada fácilmente en su garganta y ahogarla hasta morir. Qué terrible sería que, tras haber sobrevivido a todo lo que había pasado, su hijo le provocara la muerte dándole pedazos muy grandes de requesón.

Mamá se estaba arañando la cadera, donde había varias llagas abiertas, de manera que suavemente le moví la mano a otro lugar, más arriba de su muslo. Cuando lo hice, ¡me impactó descubrir que todo su muslo se había atrofiado, secado y casi desaparecido! Pude rodear su pierna con las dos manos y, si rodeaba con las manos su muslo, podía tocarlo con mis dedos sin apretarle la piel. Su muslo superior se sentía tan delgado como alguna vez se sintió su antebrazo, ella lucía como una persona de un país golpeado por la hambruna, su cuerpo se estaba reduciendo a nada más que carne y huesos. Una vez más, oré: *¿Cuánto tiempo más, Señor? ¿Cuánto tiempo más?*

Capítulo 38

· ·

La última llamada

Cuando sonó el teléfono a las 5:25 de la mañana, el 27 de julio, yo supe por instinto que el trago amargo de mamá se había acabado. Era la llamada inevitable que yo no deseaba recibir.

Una enfermera de Grace estaba en la línea. «Ken, creo que este puede ser el día de la señora Minnie. Ella tuvo una noche difícil».

—Lo comprendo —dije—. ¿Debo ir allá ahora mismo?

—Sí, por favor.

Entonces, Pam entró en la línea. «Ken, ella no está respirando —dijo—. Se ha ido».

—Voy para allá, Pam —Lisa y yo nos vestimos y cruzamos la ciudad rápidamente. Gracias a que era temprano, no había mucho tráfico, de manera que llegamos a Grace en cuestión de minutos. Pam nos encontró en el pasillo y nos abrazó fuertemente.

Entramos en la habitación de mamá tan discretamente como pudimos para no despertar a Ruth, su compañera de cuarto. Ruth había dejado prendido el televisor en un canal permanente de música, de manera que alguien estaba cantando suavemente una canción country, cuando vi por primera vez a mi madre fallecida.

Ella llevaba puesto solo un camisón. Su rostro estaba ligeramente contraído y sus piernas estaban encogidas como lo habían estado durante casi dos meses. Además de eso, ella lucía con paz. Me incliné en su cama y la abracé. Ella continuaba tibia. «Te amo, mamá».

Yo había hecho lo mismo la noche anterior: colocar mi cabeza junto a la suya. A menudo cuando lo hacía, ella me besaba y susurraba con voz ronca: «Te amo, hijo». La noche anterior antes de irme, ella articuló las palabras, pero no salió sonido. Antes, esa noche, yo intenté hacerla comer helado. Pero este simplemente permaneció en su lengua y se atascó en sus labios hasta que se derritió, ella no podía tragar. Yo tomé rápidamente un pañuelo y le limpié el helado de la boca.

Esa noche al marcharme, me incliné y le di un beso de despedida y, como lo hacía siempre, dije: «Te veré mañana». En mi mente, añadí: *De una u otra forma*, viva o muerta. Yo sabía que estábamos cerca del final, pero mamá nos sorprendió tantas veces antes, que no me sentí urgido a sentarme con ella en la noche.

Me despedí de ella por última vez antes de salir discretamente de la habitación.

Ya era de mañana y mamá ya no estaba. Lisa y yo esperamos en silencio con el cuerpo tieso de mamá, seguros de que su espíritu ya estaba en el cielo. Lenta, casi imperceptiblemente, su piel se fue enfriando, luego se congeló. Sentados ahí, esperando que llegaran el forense y el director de la funeraria, me quedé mirando la silueta de mamá en la cama. ¿Realmente creía yo lo que proclamábamos, que ella continuaba con vida, que la veríamos de nuevo en el cielo? A mí siempre me había encantado la historia del evangelista D. L. Moody, quien escribió en vida: «Algún día ustedes leerán en los papeles que D. L. Moody, de East Northfield, está muerto. ¡No crean ni una palabra! En ese momento, yo tendré más vida que ahora, me habré ido a las alturas, es todo...».[1]

Checkout Receipt

Library name: MA

Current time: 09/28/2015,19:16
Title: Dogs don't tell jokes
Call number: SACHAR
Item ID: 33206000256929
Date due: 10/12/2015,23:59

Current time: 09/28/2015,19:16
Title: Ama y no sufras : cómo
disfrutar plenamente de la

Call number: 306.7 RISO
Item ID: 33206007713450
Date due: 10/12/2015,23:59

Current time: 09/28/2015,19:16
Title: Cuando tu padre se
vuelve tu hijo : un viaje de F
Call number: 362.196
ABRAHAM
Item ID: 33206007951274
Date due: 10/12/2015,23:59

Total checkouts for session:3

Total checkouts:

Renew by phone at:
577-3977
or online at:
www.sanleandrolibrary.org

Yo sabía que mamá creía en el cielo, ella le había enseñado lo mismo a la familia y, con excepción de algunos desvíos de mi fe en los años universitarios, yo rara vez me permitía dudar de la Biblia y tornarme incrédulo. Ahora, mientras miraba el cuerpo fallecido de mamá, me pregunté de nuevo: *¿Es real? ¿Realmente hay un cielo? ¿O esto es todo lo que hay? Su vida ya se terminó y, con excepción de algunos días de recuerdos en su funeral y de su buena influencia en la vida de los demás, esto es todo lo que escribió. ¿Es verdad que, como creía el apóstol Pablo, estar ausente en cuerpo es estar presente con el Señor? ¿O no es nada más que sentimentalismo cristiano?*

Pero al mirar el cuerpo inerte de mi mamá, yo supe que ella creía, ¿cómo podía yo no creer? Mis preguntas y mis dudas pronto se esfumaron y se convirtieron en confianza y paz. Sí, yo creía. Creía ahora más que nunca.

Aunque me había preparado para ese día, continuaba siendo emocionalmente abrumador. Cuando el director de la funeraria preguntó si necesitábamos más tiempo con mamá, me encogí. «No, estamos listos», dije.

Esa fue una mentira. ¿Cómo es que alguien puede estar listo en un momento como ese? Desvié la mirada mientras las enfermeras y el director recogían el cuerpo de mamá de la cama y la colocaban en una camilla. La cubrieron completamente con una sábana antes de sacarla de la habitación.

La miré temblando, mientras el director llevó a mi mamá por el pasillo hacia la carroza fúnebre. Continué mirando, tal como ella me había mirado muchas veces cuando me marchaba, hasta que dio la vuelta y se perdió de mi vista. Las lágrimas corrieron sin fin cuando las enfermeras, los técnicos y el personal de Grace me abrazaron, hablándome de la gran influencia que mamá había ejercido. Era difícil estar triste frente a tan maravillosos halagos y testimonios.

Les llamé a mis hermanos para darles la noticia. «Esta es la llamada que no deseabas —comencé—. Pero ella ya no tiene dolor. De hecho, ella está mejor que nunca».

—Nunca había estado mejor —diría mamá.

Capítulo 39

. . . .

Las preguntas tácitas inolvidables

Las personas viajaron grandes distancias desde estados diferentes para asistir a la celebración de «despedida» de mamá. Durante el servicio, John dio el testimonio de cómo él encontró al Señor gracias a mamá. Tink y yo compartimos algunos de nuestros recuerdos especiales. Otros invitados se levantaron espontáneamente para compartir la influencia de mamá en su vida. Un amigo dijo que casi treinta años atrás, cuando tocaba en una banda de música country con su vida hecha trizas, él vio a mamá en el estrado. Le entregó su vida a Cristo esa noche y ha estado sirviendo a Dios con su música y su negocio desde entonces. Él había conducido durante horas ese día para honrar a la mujer que lo había llevado a seguir a Jesús. El funeral fue un maravilloso tributo a una pequeña mujer cuyas únicas características eran su amor por el Señor y su amor por la gente.

Durante los días siguientes, parecía como si mi coche deseara conducir automáticamente hacia Grace. Veía recuerdos de mi madre en todos lados. Algunas veces, se reproducían los mensajes de mamá que yo había guardado en mi correo de voz durante los cuatro años anteriores.

—Ken, estoy aquí en Graceland —la voz de mamá me recordaba —. Estoy aquí, ya sabes, en el lugar donde trabajo —añadía. Algunos de los mensajes me parecían casi espeluznantes, otros evocaban fuertes respuestas emocionales, algunos eran graciosos y otros consoladores.

Uno de los mensajes que grabó mamá, me tomó emocionalmente por sorpresa cuando lo escuché. Mi extrovertido sistema de mensajes del celular anima a quienes llaman a dejar un número para que les regrese la llamada, así que mamá respondía con un tono de voz lacónico: «Ken, no tengo un número para que me devuelvas la llamada».

Las cosas pequeñas conmovían mis sentimientos. De camino hacia la iglesia, por ejemplo, observé un reloj en el coche y me acordé que fue de la vez en que recogí a mamá para que nos acompañara a la iglesia. Yo iba y venía en el espectro de pensamientos y emociones. Vacilaba de una resignación pacífica a una necesidad recurrente de hablar de mamá, a una tristeza e inquietud profundas, a despertarme a medianoche viéndola en su dolor, a una completa seguridad de que ella estaba con el Señor y completamente sana. Toda la noche daba vueltas en la cama y experimentaba una apática falta de energía todo el día. Debido a que la muerte de mamá no era inesperada (después de todo nos habíamos dirigido inexorablemente hacia el final de su vida durante varios años), me sorprendían estas respuestas al dolor. Hablando con otros que habían perdido a sus padres, descubrí que mis reacciones no eran anormales. Consejeros profesionales sugirieron que sanar el dolor toma más de un año. Yo sabía que podía pasar ese tiempo, pero esperaba que pudiera reducir la curva de aprendizaje.

Mi pensamiento más recurrente era: *¿Cómo se supone que debo sentirme ahora que mamá no está?* Desde luego, yo sabía que no había una respuesta estándar, pero eso no despejaba mi duda.

Adondequiera que fuera, los amigos me ofrecían palabras amables de ánimo, un versículo pertinente de la Escritura o una opinión dulce de mi mamá. Intentar responder todas las tarjetas, las cartas y los correos electrónicos que recibíamos era casi un trabajo de tiempo completo, pero yo deseaba que todos los que nos expresaban su cariño supieran que sus expresiones valían mucho para mi familia. La gente que conocía la vigilia que habíamos estado guardando, a menudo buscaba las palabras adecuadas para expresar sus condolencias. Yo lo comprendía. Yo había estado de ese lado de la ecuación muchas veces. Un amigo planteó una idea inquietante: «Tú has estado corriendo constantemente para cuidar a Minnie —dijo—visitándola todos los días en el asilo. Debes sentirte aliviado ahora».

¿Aliviado?

Esa palabra nunca pasó por mi mente. Si la persona se refería a que me sentía aliviado de que mamá ya no estuviera sufriendo, aliviado de que ahora ella estuviera en el cielo con el Señor a quien amaba, sí, estaba aliviado. Si lo que quería decir era que ahora yo estaba libre de la carga pesada, su afirmación también implicaría una equivocación. Yo no estaba forzado a cuidar a mi mamá en su viaje por la demencia, me alegraba de hacerlo. Hice lo mejor que pude para honrar a mi madre, cumpliendo mis responsabilidades como un hijo hasta el momento en que los trabajadores del cementerio la bajaron a la tierra y cubrieron el ataúd con tierra recién escavada.

¿Aliviado? Supongo, ahora ya no iba y venía con pena del asilo, tenía algunas horas extra todos los días para trabajar. Pero tenía el resto de mi vida para trabajar, solamente tuvimos con nosotros a mamá durante unos cuantos años preciosos. Lo cierto es que nunca es fácil cuidar a un paciente anciano, especialmente cuando tu padre se ha vuelto tu hijo. Pero no es un alivio cuando este se ha ido. Es una satisfacción tranquilizadora saber que hiciste lo mejor. ¡Es un privilegio haber servido!

Entonces, ¿qué aprendimos de la experiencia de mamá y qué consejos nos funcionaron mejor? En su mayor parte aprendimos que no estamos lidiando con la testarudez, la grosería, ni la insubordinación de parte del anciano, estábamos enfrentando a una enfermedad poderosa que cada vez tomaba más el control del cerebro de nuestra madre. Identifiqué algunos indicadores del Alzheimer y la demencia en estas páginas y, si observas estas características en tu ser amado, valdría la pena revisarlo. A continuación tenemos algunas de las que encontramos:

- Problemas de memoria, incapacidad de recordar nombres, gente o eventos recientes.
- Combatividad en las conversaciones.
- Pérdida de la coordinación, especialmente la coordinación manual-visual; reflejos aletargados, golpes y caídas.
- Confusión con el día y la hora.
- Temores y sospechas infundados.
- Reacciones exageradas, arrebatos emocionales, irreverencias extrañas y pérdida de «filtros».
- Acumulación, hurto o actitud posesiva.
- Incontinencia urinaria.
- Malhumor extraño, aburrimiento o incapacidad de seguir una trama.
- Pérdida del apetito.

Los científicos también creen que una de las primeras áreas del cerebro que resulta afectada por el Alzheimer es el sentido del olfato. Si tu ser amado tiene dificultad para reconocer el aroma de las rosas, la pimienta, la piel, la piña, el gas natural, el humo o los limones, eso puede indicar una disrupción en el hipocampo del cerebro, el área donde se almacenan los recuerdos.

Entre los consejos más útiles que puedo compartirle a quien está cuidando a un padre que se ha vuelto un hijo, se encuentran:

- No discutas, cambia de tema. ¡Esto de verdad funcionaba!
- No intentes avergonzar ni sermonear a tu padre para que haga lo que le conviene; distráelo, desvía su atención y haz lo que se necesita.

- Evita la palabra *recordar*. En cambio rememora con tu ser amado, alude y tranquiliza.
- El contacto físico es importante.
- ¡Controla los medicamentos!
- Deshazte de la basura. Simplifica incluso las fotografías familiares.
- Haz que el aporte espiritual sea una prioridad. Adoren juntos, lean la Escritura, canten. Incluso si no puedes llevar una canción, las letras de las canciones pueden animar un corazón.
- Cuídate a ti mismo. No puedes hacer tanto. No hay vergüenza alguna en pedir ayuda.
- Ora... por fortaleza y paciencia, pero también haz oraciones de agradecimiento por tener la oportunidad de bendecir a tu padre.
- ¡Celebra todo lo que puedas!

¿Qué hay acerca de mí? ¿Soy susceptible a padecer Alzheimer y demencia, ya que mi madre lo padeció? Probablemente. La edad y la genética están en mi contra. Pero mi fe me ayuda a esperar lo mejor y estoy determinado a cumplir mi parte manteniendo un estilo de vida saludable.

Meses antes de que muriera mamá, el doctor D'Amico asistió a una conferencia acerca de los aspectos hereditarios del Alzheimer. Yo esperaba que regresara con una conclusión terminante de la relación genética entre los padres que padecen demencia, la probabilidad de que sus hijos la padezcan y un plan para evitarlo. Él no llegó con eso. En cambio, la información se hace cada vez más borrosa con cada nuevo estudio. «El Alzheimer puede retrasarse con un chorrito de insulina», reportó un estudio reciente.[1] «Los niveles altos de colesterol están relacionados con el Alzheimer», concluyó otro estudio.[2] Sin embargo, otro estudio reveló que un medicamento contra el cáncer, el bexaroteno, revertía temporalmente los efectos del Alzheimer en los ratones.[3]

En la Internet existe información gratuita acerca del Alzheimer, pero la mayor parte es contradictoria, así que cuidado con los últimos encabezados que ofrecen avances y curas. La verdad es que la ciencia médica todavía no conoce las causas del Alzheimer y la demencia, o cómo curarlos. Una proteína pegajosa, la beta-amiloide, es actualmente considerada como la culpable, muy a menudo relacionada con el Alzheimer. La beta-amiloide se produce naturalmente en nuestro cuerpo, pero demasiada puede producir una sustancia viscosa en nuestro cerebro que obstruye la sinapsis y frustra la comunicación entre las neuronas, provocando olvidos. La investigación continúa y los científicos tienen esperanzas, pero ahora mismo continuamos en la penumbra.

Entonces, ¿qué se puede hacer para evitar el Alzheimer y la demencia? Básicamente lo mismo que debe hacer para evitar la obesidad, las cardiopatías, la diabetes u otras enfermedades debilitadoras. El ejercicio ayuda, pero comer correctamente es la clave. Una dieta rica en antioxidantes, incluyendo frutas de colores y grasas omega-3, las cuales podemos encontrar en las nueces, el aguacate y el pescado asado, tal como el mero, el salmón y las anchoas (perdón, nada de pescado frito), puede fortalecer las células cerebrales y ayudarte a evitar el Alzheimer. Las papas horneadas son buenas, las papas fritas están prohibidas. El curry y las especias, incluso algunas tazas de café al día pueden reducir el riesgo de padecer Alzheimer. Alimentos para bajar el colesterol como los pistaches, las naranjas enteras (en lugar de jugo de naranja), la avena, las alubias y el ajo, también ayudan a controlar la producción de beta-amiloide, lo cual puede reducir el riesgo de padecer Alzheimer.

Mantener los niveles de acetilcolina (un neurotransmisor), comiendo mucho huevo orgánico, yogurt, pavo, pollo y verduras de hoja desaceleran el declive cognitivo. Se piensa que los suplementos tales como la lecitina reducen el nivel de colesterol, lo cual ayuda a luchar contra el Alzheimer.

La Asociación de Alzheimer sugiere mantener cuatro hábitos simples:

1. Mantenerse activo físicamente. El ejercicio físico ayuda a mantener un buen flujo sanguíneo en el cerebro y estimula el crecimiento de nuevas células cerebrales.

2. Llevar una dieta saludable. El colesterol alto puede contribuir a apoplejías y daño en las células cerebrales; por lo tanto, sigue una dieta baja en grasas y baja en colesterol.

3. Permanecer activo socialmente. La actividad social puede reducir los niveles de estrés, lo cual ayuda a mantener conexiones sanas entre las células cerebrales.

4. Permanecer mentalmente activo. Leer, escribir, hacer crucigramas. Los crucigramas tales como el Scrabble o los desafíos numéricos como el Sudoku son útiles. Las actividades de estimulación mental fortalecen las células cerebrales y las conexiones entre ellas, e incluso puede crear nuevas neuronas.[4]

La Asociación de Alzheimer aconseja comer correctamente, ingerir muchos antioxidantes, permanecer sano, evitar los problemas de sobrepeso, hacer suficiente ejercicio (lo usual), lo cual nos da una gran esperanza de poder evitar la demencia. Conociendo los factores de riesgo seríamos tontos al ignorar las medidas de prevención. Lo peor que podemos hacer es no hacer nada.

¿Puedo prepararme? Sí. Las discusiones sinceras entre los familiares y los planes de contingencia ayudan. La preparación emocional y espiritual es esencial, y tampoco ignoremos los aspectos económicos. Se sabe que la mayor parte de nuestros gastos médicos se darán durante los últimos días de nuestra vida. El consejero financiero, Dave Ramsey, recomienda tener un seguro de asilo para la persona que tenga más de sesenta años, porque los costos de los cuidados de largo plazo en un lugar de residencia asistida o de cuidados especializados pueden dejarnos en la bancarrota o diezmar los ahorros de un familiar. Subestimado, tal seguro puede ser una pérdida de dinero para muchas personas; pero si lo necesitas, vale cada centavo.

Últimamente he estado trabajando con las gafas de mamá sobre mi escritorio, justo debajo de la pantalla de mi computadora. Coloqué sus gafas ahí intencionalmente, junto con un «hueso» de madera que le dio a nuestro amoroso caniche, Pumpkin, en Navidad un año. El nombre completo de Pumpkin no cupo en el hueso, así que mamá simplemente lo abrevió como «Pumkin». Aunque mamá no lo sabía, así es como Megan siempre había escrito el nombre de Pumpkin. Él era una parte especial de nuestra familia. Yo le llamaba mi «escritor asistente», ya que a menudo se sentaba bajo mi escritorio (cuando no lograba subirse a mi regazo) mientras yo escribía.

Algunas veces yo lo llevaba conmigo cuando visitaba a mamá en Grace. A ella le encantaba cargarlo en su regazo, acurrucarse con su pequeño amigo sentada en su silla de ruedas. Cuando Pumpkin murió, yo no me atreví a decírselo a mamá. Ella amaba a ese perro y ambos habían entrado juntos en los años de demencia. Así que conservé las gafas de mamá y el hueso de Pumpkin en mi escritorio como dos recuerdos de su amor incondicional, casi como si todavía estuvieran conmigo, ayudándome a escribir, lo cual, supongo que de alguna manera continúan haciendo.

En mis momentos de reflexión desde que mamá falleció, yo me he preguntado qué es lo que ella estaba intentando enseñarnos en esos últimos años. ¿Qué conocimiento deseaba impartirnos a nosotros y a los demás antes de irse de este mundo? ¿Qué es lo que realmente le importaba de camino a casa? Creo que lo sé y supongo que es por ello que me sentí obligado a compartir esta historia. Al viajar con mamá a través del mundo de las tinieblas de la demencia encontré que las realidades de la fe, las de mamá y las mías, pueden ser comprobadas y son verdaderas.

Nuestro viaje a través de la demencia no es único, tampoco es el más dramático. He escuchado historias de horror de amigos que han caminado con sus padres en el mismo cambio de roles y que tienen pesadillas de solo pensar en algunos de los altibajos que tuvieron sus padres en las etapas finales del Alzheimer. Nuestra historia no es un paquete perfecto, pero la vida con un padre anciano nunca se trata de desarrollar soluciones perfectas. Se trata de hacer lo mejor que se pueda para amar al familiar y cuidarlo con el tiempo y los recursos limitados que se tengan.

Estoy seguro de esto: uno de estos días estaremos reunidos con nuestros seres amados que confiaron en Jesús y recibiremos la recompensa prometida por Dios. Puedo imaginarme el primer día en el cielo, después de haber visto a Jesús, cuando encuentre a mi mamá entre la multitud de adoradores. Puedo escucharme diciéndole: «¡Mamá, gracias! ¡Tú me ayudaste a llegar aquí! Debido a tus oraciones, a tu compromiso sacrificial, a tu amor, yo le confié mi vida a Jesucristo. ¡Y ahora estamos juntos aquí!».

Puedo vernos abrazando en las calles de oro y me escucho diciendo: «Te amo, mamá. Dime, ¿el cielo es todo lo que pensabas que era? ¿Cómo te va? ¿Cómo te sientes?».

Con los dedos y los pies restaurados y todos los signos del Alzheimer desvanecidos para siempre, puedo imaginar a mamá levantando las manos en alabanza y adoración a Jesús, abriendo sus brazos como si me invitara a ver el panorama completamente distinto y alucinante que nos rodea.

Tú sabes cual será su respuesta.

—¡Nunca había estado mejor!

Notas

Capítulo 10

1. «Sublime gracia» [Amazing Grace] Aut. John Newton, 1779. Trad. Cristóbal E. Morales.
2. «Victoria en Cristo» [Victory in Jesus] Aut. E. M. Bartlett, 1939. Trad. Honorato Reza. [Victoria in Cristo] Renovada 1966 por Sra. E. M. Bartlett. Asignado a Albert E. Brumley & Sons/SESAC. Admin. por ClearBox Rights. Usada con permiso.
3. «Cuán grande es Él» [How Great Thou Art] Author: Gustav Boberg, 1885. Trad. W. Hotton Rives.

Capítulo 15

1. «Revelación» [Revelation], 2009.
2. «Dios bendiga por siempre a América» [God Bless America] Irving Berlin, 1918, 1938 revised.

Capítulo 22

1. Elizabeth Cohen, «How to Limit Alzheimers Wandering», *CNN Health*, 10 noviembre 2011, http://www.cnn.com/2011/11/10/health/alzheimers-lost-empowered-patient/index.html.

Capítulo 24

1. «Oh qué amigo nos es Cristo» [What a Friend We Have in Jesus] Author Joseph M. Scriven, 1855. Himnos de Gloria y Triunfo (Editorial Vida, 1961).

Capítulo 27

1. «Porque Él vive» [He Lives] Author: Alfred Henry Ackley, 1933.
2. «La tumba le encerró» [Up from the Grave He Rose] C. Austin Miles, 1912. Trad. Vicente Mendoza.
3. «A solas al huerto yo voy», Himnos de Gloria y Triunfo (Editorial Vida, 1961) [In The Garden by Charles Austin Miles (1912)].
4. «Oh qué día será aquel» [What a Day That Will Be] Aut. Jim Hill, 1955. Renovado por Ben L. Speer. Admin. por ClearBox Rights. Usada con permiso.

Capítulo 30

1. «Quiero ser como Cristo» [To Be Like Jesus] Aut. Traditional, 1979 (year uncertain).
2. «Grato es decir la historia», Himnos de Gloria y Triunfo (Editorial Vida, 1961) [I Love To Tell the Story] Words: A. Katherine Hankey Music: William G. Fischer, 1866.
3. «La hermosa visión de la cruz» [The Old Rugged Cross], 1912 Trad. Raúl Mejía González.
4. «La última milla del camino» [The Last Mile of the Way] Johnson Oatman, Jr., 1908.

Capítulo 37

1. «Dulce Espíritu» [Sweet, Sweet Spirit] Doris Akers, 1962. Renovado 1990. Manna Music, Inc. ASCAP. Admin. por ClearBox. Usada con permiso.

Capítulo 38

1. William R. Moody, *The Autobiography of Dwight L. Moody* (Nueva York: Fleming H. Revell Company, 1900), prefacio, p. 1.

Capítulo 39

1. Gina Kolata, «A Squirt of Insulin May Delay Alzheimer's», *New York Times*, 12 septiembre 2011, *http://nytimes.com/2011/09/13/health/research/13/alzheimers.html?_r=1&pagewante...9/14/2011.*
2. «High Cholesterol Tied to Alzheimer's», *New York Times*, 12 septiembre 2011, http://www.newsmaxhealth.com/health_stories/Cholesterol_Alzheimers/2011/09/13/406916.html.
3. David Brown, «Cancer Drug Shows Promise in Mous Alzheimer's Study», *The Washington Post*, 9 febrero 2012, htto://www.washingtonpost.com/national/health-science/cáncer-drug-shows-promise-in-mouse-alzheimers-study/2012/02/09/gIQAzJxt1Q_story.html.
4. Asociación de Alzheimer, «Brain Health», acceso obtenido 22 marzo 2012, http://www.alz.org/we_can_help_brain_health_maintain_your_brain.asp.

Acerca del autor

Ken Abraham es uno de los autores más vendido de la lista del *New York Times*, conocido en todo el mundo por sus colaboraciones con figuras públicas destacadas. Al ser un músico profesional y pastor, él es un invitado popular en los medios seculares y religiosos. Entre sus libros se encuentran *One Soldier's Story* [La historia de un soldado], con Bob Dole; *Payne Stewart*, con Tracey Stewart; *Falling in Love for All the Right Reasons* [Enamorarse por todas las razones correctas] con el doctor Neil Clark Warren y *Let's Roll!* [¡Arranquemos!] con Lisa Beamer.